日韓メモリー・ウォーズ

私たちは何を忘れてきたか

朴裕河
Park Yu-ha

上野千鶴子
Ueno Chizuko

金成玟
Kim Sung-min

水野俊平
Mizuno Shumpei

◉弦書房

装丁・写真＝毛利一枝

目次

「日韓メモリー・ウォーズ」パネルディスカッション

私たちは何を忘れてきたか

【コーディネーター：上野千鶴子　パネラー：朴 裕河／金 成玟／水野俊平】

はじめに——日韓の現代史をふりかえって

コーディネーター・上野千鶴子

日韓に横たわる認知ギャップ

こんにちは。このセミナーのタイトル「日韓メモリー・ウォーズ——日本人は何を知らないか」という、いささか刺激的なタイトルを決めたのは、私です。「メモリー・ウォーズ」は『スター・ウォーズ』のパロディーですが、いささか軽めのタイトルで、とても重い話をすることになります。「メモリー・ウォーズ」を日本語に訳すとしたら「記憶の闘い」になるかと思います。

歴史というのは、事実の集合とは単純に言えなくて、むしろ選択的記憶と忘却の集合です。しかも、何を語るかについては、時代と社会が決めた公式見解というのがあって、これをマスター・ナラティヴと言います。たとえそれが事実であっても、何を語ってもよいか何を語ってはならないかという、発話の正統性が問われます。これに反する語り口は、はなから受け入れられないということになって、その地雷を踏んでしまったのが、朴裕河《パクユハ》さんです。彼女の著作『帝国の慰安婦――植民地支配と記憶の戦い』（朝日新聞出版、二〇一四年）は、その結果、いま告訴の対象になっています。そういう問題のさ中で、このシンポが開催されるわけです。

もう一つ副題に「日本人は何を知らないか」という挑戦的なタイトルを付けました。日韓の間は、近くて遠い国と言われておりますが、ここで語られるべきことは、単なる異文化理解ではありません。なぜかというと、日本と韓国の間には、どうしても刺さって抜けないとげがあるからです。このとげとは、かつて日本が韓国を植民地支配したという記憶です。

このとげを抜くためには、まず事実を知らなければならないのですが、日本と韓国の間に、非常に大きな認知ギャップがあります。私はいつもセクハラに例えるのですが、セクハラには必ず当事者が複数あります。英語で言うと、“It takes two to make it happen.”というのですが、複数の当事者にとって、一つの現実がまったく違う表れ方をします。セクハラの被害者は「あれは暴力だ」と言うのに対して、加害者は「あれは合意だった」と言うわけです。

こういうギャップをどうやって埋めたらよいのか。主な原因は、日本の戦後の歴史教育の中で、植民地支配が教えられていないことです。私たち、ここにいる人の多くは戦後生まれだと思いますが、戦後生まれが無知であり、かつ知ろうとしない過去があります。

植民地支配の経験というのは、日本にとって忘れたい過去、不都合な真実です。占領体験もそうです。その不都合な真実というのは、韓国にもあります。講演者のお一人、水野俊平さんが韓国の若者たちを論じておられますが、日韓の若者同士の付き合いの中では、歴史問題はできるだけ語らないようにしているそうです。その理由が、両国で非対称だということです。日本の若者は、知らない。韓国の若者は、避けている。知らなくても避けていても、そこに問題がないわけではありません。そこにある問題をよけて通っているだけでは、たとえ若者たち同士のつき合いであっても、未来志向はないと思います。

蜜月から急転回して最悪関係へ

思い返せばおよそ一〇年前、日韓は蜜月時代でした。FIFAワールドカップで、サッカーゲームの日韓共同開催が達成できた時に、日韓関係がここまで来たのかと、多くの人は思ったものでした。その後、「日本チャチャチャチャ」とかいうプチナショナリズムもありましたけれども、それから今日のような「嫌韓」が登場するとは予想もしておりませんでした。

それに加えて、一〇年前、私の周囲のおばさま方の間では、圧倒的なヨン様（俳優ペ・ヨンジュン氏）ブームがありました。ヨン様が日本からの外貨稼ぎに大変貢献したということもありますし、逆にその反発から、韓流ドラマばかり放映するなどというので、テレビ局に抗議デモが起きるなどということもありました。

この当時、韓流ブームを支えたおばさま方が大挙して韓国に行きました。私の友人も、ハングルを学んでおりました。九州大学におられた文化社会学者の毛利嘉孝さんがおっしゃったことですが、戦後、親韓派——韓国贔屓の日本の知識人たち——はたくさんいたが、その人たちの一体何人がハングルを学んだだろうか。それに対して、韓流を支えたおばさま方はハングルを学んで韓国に行った。言葉を学ぶということは、都合のいいことも都合の良くないことも両方耳に入ってくるということです。ここから新しい日韓交流の新時代が始まるのではないかと、毛利さんだけでなく、多くの人が期待しました。

その後、若者に韓流ブームが広がりました。東方神起などのK―POPブームです。東方神起のお二人が徴兵で兵隊に行ってしまうと、私の周辺でも東《トン》ロス症候群というのですけど、これから二年半どうやって暮らしていけばいいのかしらと思うような人たちが現れました。

こういうような状況が一〇年前にはあって、「おお、これから日韓新時代が始まるか」と思われたのに、二〇一六年の今日、報告者の金成玟《キムソンミン》さんの本の中にある文章から引用しますと、「いまや史上最悪と言われる日韓関係を迎えている」。このわずかな間に、一体何が起きたのでしょうか。本日は、どうしてこうなったのかということを考えてみたいと思います。それがこのセミナーの課題だと思うのです。

歴史を多面的に見ていく

このセミナーをどう組み立てをするかに当たって、少し歴史をさかのぼってみましょう。一九九一年に冷戦構造が崩れて、ここで慰安婦問題が勃発しました。今日の慰安婦問題のルーツはすべて、九一年にあったと言えるかと思います。

もう少しさかのぼれば、一九六五年に日韓条約が成立して、初めて日韓国交正常化ができました。ただ、このときの韓国側の交渉相手は、軍事独裁政権でした。このツケがずっと今日まで続いているということを朴裕河さんも、あとのお二人の方も指摘なさると思いますが、いわゆる六五年体制というものです。六五年体制の前には、朝鮮戦争がありまして、これが朝鮮半島南北分断の大きな引き金になりました。日本も無実ではありません。

冷戦体制がもたらした最後の分断国家が半島に残った原因をつくったのは、アメリカと日本の共犯関係でした。日本は、そこで金もうけをして、高度成長のきっかけになったわけです。

その前はどうだったかというと、一九五二年サンフランシスコ講和条約で日本は占領から脱しましたが、その前、一九四五年に敗戦になって——日本人にとっての敗戦は韓国の人にとっては解放であり、「光復」すなわち光が再び甦るというふうに、まったく違う捉え方をしております――この四五年から五二年までの間、韓国の人たちは、日本人でもなく外国人でもない「第三国人」という名前で呼ばれていました。五二年サンフランシスコ講和条約で、その人たちが突然、外国人になったのです。かつて植民地時代に強制的に日本国籍を与えられ、今度は逆に五二年に強制的に日本国籍を剝奪されました。

国籍を剝奪されると何が起きるか。国民年金に入れないし、国民健康保険にも入れない。そして、軍人恩給を受けられない。日本は、諸外国に比して、非常に手厚い軍人恩給を国内向けに払ってきたことで有名な国ですが、ここからも排除したという、最低のことをやってきた旧宗主国国家が日本です。ヨーロッパの旧宗主国は、贖罪の意味もあって、旧植民地出身者に国籍を与え、二重国籍を可能にしています。国籍というのは、一方では迷惑な拘束ですけれど、もう一方では特権でもあります。日本はこれを朝鮮の人たちからさっさと剝奪してしまうということをやったのです。だから、日本は植民地統治のツケを戦後七〇年にわたって払ってこなかった。それが今日まで、私たちを亡霊のように苦しめています。

いま申し上げたようなことは、ほとんど教科書には書いてありません。北朝鮮のことも含めれば、もっといろんなことがあるのですけれども、本当に日本人は知らないことだらけです。その知らないことだらけの一端を、講演者の方たちが話していただけると思います。

歴史を振り返ることはとても大事なことですが、このセミナーではそれをできるだけ多面的に見てみたい。第一に、政治、経済、社会、文化と多様な集合として見てみたい。第二に、その主体は政府だけではなく、知識人、民衆、メディアというように、やはり担い手も多面的に見てみたい。第三に、世代的にも多面性を見ていきたい。私たちの多くは戦後生まれで、植民地統治の経験もなければ、あるいは戦争の記憶もありません。そのような者たちの間で、いまの高齢者、戦後生まれ、それからその子どもである若者たちが、それぞれどのように日韓関係を見ているのかという多面的な見方をしていきたい、と考えています。

影響力をもつアメリカと北朝鮮

もう一つ時間が許せばですが、日韓関係は二国間関係だけで語ることはできません。日韓関係に、深く長い影をずっと投げ掛けているのはアメリカという第三のアクターです。アメリカ抜きには、日本も韓国も自由に動けないという状況の下にあって、国内にアメリカ軍の基地を持っているという点でも、日韓は共通しています。

韓国はいまでも、臨戦体制下にあって、北朝鮮とは単に休戦協定を結んでいるだけです。いつでも戦争が再開される可能性があり、そのせいで、徴兵制があります。これが、日本の若者にはまったく想像の及ばないところです。その結果、韓国軍は、アメリカの戦争に巻き込まれて、べトナム戦争にも従軍しました。

この度の集団的自衛権――二〇一五年夏に日本政府が国会を通した安保関連法――によって、おそらく日本の自衛隊もこれからアメリカの戦争に参戦することになるでしょう。韓国と同じ運命が、私たちを待っています。このアメリカという巨大な影に対して、日本と韓国は、どうやって立ち向かえるのかという問題があります。

もう一つの困ったアクターが北朝鮮です。キューバもとうとうアメリカと国交回復しました。東西ドイツも統合したし、キューバとも和解した、そうなると、「最後のならず者国家」が、北朝鮮ということになります。

ならず者国家を力で制圧したのが、イラク戦争でした。だとしたら、朝鮮半島はいまや世界戦争の最後の火種になるかもしれません。本当に一触即発、何が起きるか分からないという危機感を感じている人たちが、二〇〇〇年代の日本にも半島にもいます。その点では、私たちは本当に危機感が足りないと言っていいぐらいです。半島は戦時下にあるということを、やはりもっと痛感しなければならないと思います。

最後に言っておきたいことは、日韓の間には四大問題と言われるものが横たわっております。それは、竹島、教科書、慰安婦、靖国という四大問題です。この四大問題は、日本が忘れても、韓国が決して忘れない問題です。この中では、どれ一つを取っても両国の間に大きな認知ギャップがあります。この認知ギャップを今日に至るまで埋めることができないばかりか、むしろその亀裂は拡大したかもしれません。

記憶は、かつてそれを経験しなかった者たちの間にも再生産されていきます。その再生産のされ方に、一定のゆがみやバイアス、そこで語ってよいことと語られてはならないことの政治的タブーが入ってきます。本日は、そういう、非常に重く複雑でねじれた問題に取り組むことになります。十分な時間はないと思いますが、その思いを、これから皆さん方と共にしたいと思います。

〈帝国〉から見た日韓関係――暴力の構造

朴《パク》裕《ユ》河《ハ》【韓国・世宗大学】

1　日韓関係の現状

「植民地支配」は日本では意識されていない

おはようございます、朴裕河です。私は八年前（二〇〇八年）に、福岡大学の先生から呼ばれて、福岡大学で講演をしたことがありました。その後、その先生との関係で唐津で講演するなど、福岡空港に降りたったのは初めてではありません。

今回、福岡ユネスコ協会から声をかけていただいて福岡にまた来られたのを嬉しく思います。

福岡は、数年前から研究して来た引き揚げとも関係が深く、博多港にある記念碑も見に行きました。

本日の講演の、「〈帝国〉から見た日韓関係」というタイトルは、主催側から頂きました。昨年（二〇一四）、『帝国の慰安婦』という本の日本語版を出し、そこで慰安婦とは「帝国」が作るもの、という話をしたためかもしれません。

『帝国の慰安婦』というタイトルは韓国では不評でしたが、実は「植民地支配と記憶の闘い」という副題の方に私の意図が込められています。具体的には、朝鮮人慰安婦とは日本の植民地支配が作った存在であることを指摘しながら、その「慰安婦」を、この二〇年あまりの間、日韓の人々がどのように記憶しようとしたのかを考えてみた本です。慰安婦問題は長い間「戦争責任」、あるいは「戦争犯罪」としてのみ考えられてきましたが、むしろ男性中心主義的家父長制国家の「帝国責任」「支配責任」という問題意識で考えるべきではないかということが、この本を通して言いたかったことでもありました。韓国との関係を見るとはっきりするのですが、韓国は日本の戦争相手ではなく、「朝鮮人慰安婦」という存在は、日本の植民地支配によってつくられた存在であり、そういう意味で「帝国」の問題と考えたのです。

昨年二〇一五年は「戦後七〇年」ということで、日本では「戦後」という概念に焦点を合わせたイベントが多かったようです。日本では「戦後」という概念が示すように、帝国主義時代の「戦争」に関して反省し、高いレベルの「反戦」意識を国民の多くが共有するに至りました。わたしはそのことを一〇年前に『和解のために』という本で高く評価したこともあります。ところが、それに反して、「植民地支配」に関しては「戦争」に関して考えて来たほどには考えてこなかったのではないか。それが『帝国の慰安婦』の問題意識でした。

国家間「戦争」とは、国家の勢力を別の国の領土の境界線を超えて拡張し、固定しておくための、武力を使っての攻撃や防御のことです。ところが「植民地支配」とは、武力を使わずとも支配が可能であった点で、戦争相手とは関係が異なります。日本の植民地になった朝鮮、台湾がそうですね。さかのぼれば、北海道や沖縄なども、本土にとっては同様の関係から始まったと言っていいでしょう。そうしたことも『帝国の慰安婦』では考えてみたかったということです。

日韓対立といえばナショナリズムの問題と考えられがちですが、もう少し複雑なものがあり、宗主国と植民地の関係だったことを考えてはじめて日韓の間に存在するわだかまりの複雑さを理解できるのです。そして、植民地―宗主国関係が解消されてすでに七〇年経ちながらなおなかなか信頼関係が結べない背景には、冷戦時代、そしてポスト冷戦時代というべき九〇年代以降の葛藤がありますが、それとてもとは植民地時代に根があると言えるのです。

植民地―宗主国時代から見つめ直す

去年は「戦後七〇年」という節目でしたが、今年二〇一六年は朝鮮が一九世紀の終わりに日本に公式に門戸を開いてから一四〇年目になる年でもあります。韓国の、江華島という仁川にある島に日本がやって来た、日本における黒船のような出来事があったのです。その結果として結んだ条約を韓国では江華島条約といいます。公式の名前は日朝修好条規と言いますが、一見同等に見える「条約」の中身は、国家の個人への干渉禁止、つまり商人は自由に貿易をしてもいいというような内容でした。さらに、日本の領事を派遣する、日本が主権を持つ裁判権を認定する。更に、日本の貨幣を朝鮮半島で使えるようにしたのがこの条約の中身でした。

つまりこの条約は、朝鮮の規範に従うのではなく、日本の規範に従っての商売が可能になった、ということと考えていいでしょう。その結果、韓国のコメなどの物資を無制限に日本に輸出することが可能になりました。

日本でも西洋との出会いを不平等条約というように、日本と朝鮮の近代初期の約束事は、不平等条約だったことがよく分かります。その後、日本は日清戦争、日露戦争を起こし、日露戦争の結果として韓国は日本に併合されることになります。先ほどの「帝国」という言葉でいえば、日本としては国境線を押し広げ、固定させた、ということになります。

ところが数十年経った一九四五年、日本の敗戦によって、このように拡張した国家の勢力を縮小することになります。韓国では日本の支配は三六年と言われていますが、実際にはもっと早く、日清戦争以前から日本人は次々と韓国へやってきて住むようになります。ですから、実際は、正式の併合よりかなり早く近代の日本と韓国は出会っていたということになります。そして、様々な空間で様々な関係が始まるようになります。政治・経済のみならず、民間の交流も始まったわけですが、そうした関係が日本の敗戦により一瞬にして転覆してしまうことになります。

そして、当時、敗戦の時点でいわゆる「外地」に出かけていた日本人たち——兵士を入れておよそ六七〇万人といわれる人たち——が、一遍に日本列島に帰ってくることになります。そうした事態は、拡張した領土の境界線の縮小を意味することでもありました。

境界線が拡張していた間に何が起こったのか。たとえば「満州」では「五族協和」ということがキャッチフレーズとして掲げられました。つまり、異なる民族が協力して一緒にやっていくという価値が唱えられ、一種の多民族混合状態が始まります。実際に他民族同士で結婚することも多かったので混血も進み、しばらくのあいだ続きました。その結果として、文化的混合も進みました。ところが、突然そのような状態がそれ以上持続できなくなった時に、何が起こったのでしょうか。

長い間、そうしたことに「戦後日本」は関心を示してきませんでした。数十年間に亘って植民地・占領地で作られていたさまざまな関係や状態を無視し、あたかもそうしたことはなかったかのようなふりを、日本はいうまでもなく、解放された韓半島もまた、そういった過去はなかったかのような顔をして「戦後」「解放後」を生きてきました。今日、かなりの時間が経ったにもかかわらず、一種の「歴史の観念化」とも言うべきことが起こっているのはその結果だろうとわたしは考えています。

本日お話したいことの結論めいたことを少し先走って話しますと、今の日本と韓国の関係は、過去における宗主国と植民地の関係、帝国─植民地の関係であることを改めて認識しなおし、その期間中にあったこと、そして「敗戦」「解放」後の関係をも見つめなおして初めてより深い相手への理解が進み、関係もよくなる可能性があるとわたしは思っています。近代以降一四〇年といいますが、その前半の七〇年間に含まれる宗主国─植民地関係にあった時代の内実と、帝国主義時代が終わって訪れた冷戦時代における関係をいま一度きちんと見ておく必要があるのです。

つまり、いまの日韓関係は、植民地─宗主国関係、さらにその後の冷戦時代におけるかかわり合い方を見ることではじめて、冷戦崩壊後のこの四半世紀の葛藤の時代も乗り越えていくことができると考えるのです。

そこで考えられるべきは帝国の本質、つまり支配の本質です。二つの国が対立する関係である戦争と違って、帝国と植民地というのは、併合という言葉で分かりますように一種の包摂関係です。そこでは、従順に従う人は暴力ではなく同化と優待の対象になります。つまり戦争における無差別的殺害ではなく、目立つ暴力は、その体制に反対する人に限って行われる関係です。その他の多くの人は、包摂され、先ほどお話したような数々の混合が、そのことがあたかも理想であり自然であるかのような言説とともに行われるのです。

前景化した四大問題

九〇年代以降は、過去の歴史を背景にもつ、それまで潜伏していた教科書問題、慰安婦問題、独島（竹島）問題、靖国問題などが前景化された時代でした。その経過を簡単に見ておきます。一九五五年頃に第一次の教科書問題が日本の内部で起こります。それまでの教科書の書かれ方が自虐的じゃないかといった反発が始まって、戦後日本における一種の思想の戦いが教科書という記憶のあり方をめぐって始まります。

それが、外国を巻き込んで現れたのが一九八一年。このときは主に中国との葛藤が中心でしたが、その結果として近隣諸国条項――つまり歴史の記述の際は周辺国への配慮が必要という――が設けられます。その一〇年後ぐらいに、私たちが知っているように慰安婦問題が起こります。これはまさに、冷戦崩壊直後の出来事でした。冷戦体制の中ではその前にあった植民地支配や帝国のことを十分に考えることができなかったゆえのことと言っていいでしょう。実際に韓国は一九八〇年まで軍事独裁政権の下にいましたし、日常を脅かす独裁政権・軍事政権に抑圧され、それに抵抗するだけで精一杯で、日本のことをきちんと考えることは十分にはできなかったと言えます。その一方で、経済協力や少しだけ文化交流があったわけですが、それはある意味で、過去の関係を棚にあげて置いたままの交流でした。
そういう意味では、慰安婦問題は、九〇年代以降になって初めて、日本の過去における植民地支配という事実を再び思い出させてくれたといえます。韓国以外でも世界のいろいろな国の方たちが慰安婦にされたということで、慰安婦問題はすぐに世界の女性たちの連帯を促し、世界女性問題化しましたが、最初に声を出したのは韓国の人だった。そのことはまさに、慰安婦問題とは、戦争というより「帝国」をめぐる問題だったことをするどく突いた事柄だったと、私は考えています。

植民地では、植民地だからこそあり得る目立たない差別や包摂が始まります。包摂は一種の国民動員の形で現れ、慰安婦動員はそうした包摂的な動員と言えます。しかし、慰安婦問題を否定している日本人たちは慰安婦は「ただの売春婦だ」と言い、韓国人は「そうではない。強制的に連れていかれた少女だ」といって反発した葛藤がもう二五年続きましたが、この点に関して日本と韓国は接点をいまだに見いだしていません。そうである限り、昨年末の日韓合意とは関係なく、慰安婦問題は解決したことにならないでしょう。

次に、教科書問題が二〇〇一年に起こります。教科書問題とは、「あの国とどういう関係だったのか」をめぐる記述、相手に関する集団記憶を作る記述を巡っての対立でした。さらに、竹島・独島問題が、二〇〇五年頃に一番険悪な瞬間を迎えます。日本の外務省の事務次官が韓国にやって来て韓国の外交部長官と話しあい、ようやく収まった。まさに一触即発という言葉を思いうかべるような事態でした。

靖国問題はもっと前に、三木武夫、中曽根康弘、小泉純一郎さんが首相の時に起きました。靖国問題とは、死者を巡る記憶、つまり過去において「国のために」亡くなったとされる方たちを、誰がどのように記憶していくのかという問題である点でほかの問題ともつながっています。

誰が記憶の主体になるのかということでは少しずつずれますが、本日の、「日韓メモリー・ウォーズ」というタイトルが示すような、記憶の葛藤、記憶の闘いと点ではつながっているのです。そしてそうした葛藤が本格化したのは二〇〇〇年代以降でした。

そして、そのうち慰安婦問題に関して、二〇一五年末に、本当に突然、韓国でも日本でも多くの人には突然のことと受け止められたと思いますが、慰安婦問題をめぐる日韓合意というものがありました。

韓国映画『鬼郷』をめぐって

ところが、この合意に対して韓国では激しい反発が起こっています。そして、今年（二〇一六年）のはじめ、韓国では慰安婦をテーマとした『鬼郷』という映画が数百万の人々を映画館に導きました。この映画は、慰安婦問題をめぐる韓国の記憶、日本をめぐる記憶がもっとも明確に現

れている映画にもなっています。そこで、予告編だけちょっとお見せします。（韓国映画『鬼郷』の予告編を上映）

この映画は、二〇一六年二月二四日に公開され、既に三〇〇万人以上の韓国の人たちが見たといいます。公開されるまでに一四年かかったという映画で、ある慰安婦の方の絵に刺激されてモチーフを考え、その後作ろうとしたがなかなか資金が集まらなかったそうです。しかしその後、七万人以上もの韓国の人たちが、映画製作費用を出す形で参加した、という映画でもあります。「ききょう」というタイトルは、普通は故郷に帰るという意味で、韓国でも「帰郷」というのですが、映画のタイトルは漢字の「帰」が「鬼」に変えられています。つまり、魂が戻ってくるという意味での帰郷だと、監督さんは説明していました。

画面の所々に数字が出てきましたが、強制連行を示す場面で、「二〇万人の少女がいた、その中で声を上げたのは二三四人だけだ。そのうち四六人だけが生き残っている」という言葉が出ていました。映画についての詳しい感想や指摘は、時間もありませんので控えますけれど、予告編の中に「この真実を私たちは知るべきだ」という言葉が出ていたことに注目してください。

言うまでもなく、この言葉こそが映画の意図であり、その言葉に応えて一週間で一〇〇万人もの人が入るような熱狂が始まり、いまでも続いています。この映画が提示した記憶は、これまで以上に、韓国の人々の脳裏に焼き付くことでしょう。

ところが、この映画に関して日本の雑誌の『SAPIO』が、「韓国史上最凶の反日映画を見てきた」というタイトルで、記事を載せました。三ページほどのリポートです。この中に、私のことを引き合いに出して、「韓国の朴裕河によれば」ということで、この映画を非難していました。

間をおかず、韓国メディアは「日本の雑誌が、映画でのように日本軍が慰安婦を虐殺し、焼き殺しにしたという事実がないという根拠として、朴裕河の『帝国の慰安婦』を提示した」というふうに書きました。その後も、私の本を引用しながら、暴力はなかったと私が主張したかのようなことが書かれました。これを韓国のいろんな媒体が持っていって、一瞬で広めてしまったようなことがありました。「記憶の闘い」は今でも続いているのです。わたしたちはこの映画をどのように考えるべきでしょうか。

この映画のモチーフになったという絵があります。トラックに乗せられて強制連行された慰安婦たち、それから、火に焼かれる少女たちの絵です。

最後にまたお話しするつもりですが、私はこの映画について、真実であり真実でない、と考えています。つまり、事件自体の描き方には問題がありますが（焼かれたのは伝染病になった人たちと考えられるような口述を、この絵を描いた方自身がしています）、ともかくも植民地時代に受けた抑圧と暴力と悲しみが「象徴的に」現れていることだけは事実ですし、日本のかたがたにはむしろそのことを見ていただきたいと思います。にもかかわらず、いわゆる「事実」にこだわり、しかも自分の言いたいことを強調したいがためにわたしの本を使ってあたかも同じことをいったかのように利用することこそが、事態をますます難しくし、私たちを前に行かせないものだと思います。映画の「事実」をめぐる荒っぽさも、日本のメディアの荒っぽさも、どちらも日韓の国民間の心の断絶を生むだけです。

こうした、対立しながらも根っこにおいて一致する両極の思考の存在、いわば敵対的共存の状況こそが私たちが直視し、乗り越えるべきものと私は考えます。

2　記憶のずれと混乱――慰安婦問題の場合

日韓合意の課題とは

先ほど話しましたように、日韓協定は一九六五年にありました。そして、九〇年代初めに慰安婦問題が起こり、それに対応すべく日本政府はアジア女性基金を作り謝罪と補償を行いました。いくつかの国を対象としての対応でしたが、受け入れられた場合もあればそうでない場合もありました。もっともうまくいかなかったケースが韓国でした。

アジア女性基金が韓国で注目され非難されたのが一九九七年なので、もうすぐ基金をめぐる葛藤の歴史ももう二〇年になります。この基金ができてから二〇年間、日韓はこの問題を巡って葛藤し対立しましたが、二〇一五年の終わりに今度は両国の正式な話し合いの結果として日韓合意があったことになります。

一九六五年の日韓協定の限界――慰安婦問題の問題化がなかった、植民地支配への謝罪がなかった――を二〇一五年末の日韓合意は乗り越えられているかどうか。結論から言えば、乗りこえるための過程を省略してしまったがために、問題を残してしまったと思います。

この合意は、外側から見る限り、日本と韓国とアメリカといった日米同盟を中心とした合意と言えます。あるいは冷戦体制をそのまま残している状態とも言えるでしょう。反発する人の多くはこうした構造を読み取って反発しています。現在の国連の事務総長がたまたま韓国の人ですが、彼はこの合意に賛成しました。ところが、国連の内部組織、人権理事会や女性差別撤廃委員会などの委員会は反対の声を唱えました。つまり、国連の中でもこの合意に対する意見は分裂しています。

そして、韓国政府と市民も分裂しています。長年支援団体の声だけをメディアを通して共有してきた結果として、韓国の多くの市民は日韓合意に反発しています。合意に賛成している人ももちろんいますが、その声はそれほど大きくはありません。

しかし、基金の時は対立が明確に見えさえしなかったのですから、対立状態が見えるほどになったというのは、評価すべきと思います。そして、この問題を巡ってもっと考え話し合うことが必要です。

韓国の人たちの反発は、これまで共有していた声とは異なるように見える結果が突然出されたからで、情報や考え方の共有なしに合意を行った政府、国家だけの決定がうまくいかないのはむしろ当然のことです。合意にいたるまでの必要な過程――慰安婦問題に対する国民認識の変化のための努力なしに突然「合意」が差し出されてしまったために、混乱が起きているのです。国民が排除されたという意味では、明らかに一九六五年体制――冷戦体制下の中で、アメリカのバックアップによる日韓の協定があったわけです――と形は同じです。

ただ、当時に比べて国民・市民が政府のやることに介入できる力は比べようもなく強まったので、それをどのように違った形に作り直していけるか。つまり二〇一五年末の日韓合意を一九六五年の反復にしないためにはどうするべきか。それが今後の課題ではないかと思います。

一体どうしてこうした葛藤が起こっているのでしょうか。基本的には「法的責任」を取るのかどうか、つまり補償か賠償か。反発や葛藤はそこから生まれています。

そうした考え方の背景を簡単に紹介します。先ず、日本軍は慰安婦の動員手段が人身売買であることを知りながら受け入れたので不法だ、というものがあります。さらに、日本では売春業に従事する女性であっても二一歳以下は海外に渡航できないようにしていたけれど、朝鮮では渡航できるようにしたがために、幼い少女も動員された。さらに、日本では詐欺や人身売買ができないように法的規制があったにもかかわらず、植民地ではそうした規制をしなかった、その結果として人身売買が多かった、といった議論です。

こうした議論はすべて、当時の国内法・国際条約など、「法」を根拠としています。そうした前提の上で、「法的責任」「国家賠償」が必要だとの主張になっているのです。

しかし、こうした考えには少し問題があります。たとえば、『漢口慰安所』という、当時軍医だった人の手記があります。慰安所がテーマですから、中には慰安所をめぐるいろんなことが書かれています。

「九月に入り、業者が慰安婦の数が減っていることを理由に挙げ、充員してほしいと申請したため、支部が許可した。一〇月、京漢線を経由して、二人の朝鮮人の引率の下、三〇人余りの女たちが朝鮮から到着した。誰が、どのような手段で募集したかはわからないが、その中の一人の女が陸軍将校の集会所である偕行社に就職すると約束してきたのだが、慰安婦だとは知らなかったと泣きながら、就業を拒否した。支部長は、業者が女に仕事をさせないようにして、他の適切なところに就職させるよう命令した。おそらく斡旋業者のような人が、騙して募集し

たのだろう。」（長沢健一『漢口慰安所』二二一頁）

女性が騙されて来たことを知って、別のところに就職できるようにしたことが分かります。似たような状況を示す資料はほかにもあります。

つまり、国家というのは、二重のシステムがあって、統制・抑圧・強制もしますが、ゆるやかな管理もする。悪い意味での管理もしますが、良い意味での管理もする。そういった意味で二重のシステムが機能するのです。

日本軍は、慰安婦募集を指示しました。場所によっては直接運営もしました。それは紛れもない事実です。同時に、そういったシステムの外にあった慰安所もたくさんあったように見えます。

植民地の人は一応、日本人、日本帝国のメンバーとして、包摂される対象ですから、露骨な国家暴力は働かせられない。しかし、見えない暴力は隠すすべもなく存在します。それは、差別、国家の方針に反する人たちへの抑圧、中には拷問、暴力などといった形で現れます。そういったことを総合的に見て初めて、植民地支配の全体像が見えてくるはずですが、これまではそれぞれ片一方だけを見てきたと言えるでしょう。そうさせているのは、いまだに続くポスト冷戦体制です。

多くの日本人が植民地に住んでいた

こうした議論が混乱しているのは、朝鮮半島だけで九〇万人近い日本人が住んでいたという事実が忘れられているからでもあります。当然、日本人女性もたくさんいて、慰安婦募集に応じてでかけた人もいました。それはいろんな資料から確認できますが、例えば、『赤瓦の家——朝鮮から来た従軍慰安婦』（川田文子著）という本にも、朝鮮人慰安婦の口述の中に、日本人女性も船に乗る際交ざっていたという話が出てきます。そもそも慰安所は、戦場だけでなく、ソウルやそのほかの都会にもありました。

以前福岡大学で講演をしたとき、私は、作家の後藤明生について話をしました。後藤は北朝鮮生まれです。元山という港湾都市の近くの小さな町で生まれ育ち、一三歳のときに敗戦を迎えて、三八度線を歩いて越えて日本へ帰った体験を持っています。こうした植民地の日本人のことを思い起こすだけでも、言われているような朝鮮人慰安婦に関する常識が不十分であることに気づかれることでしょう。

先ほど包摂という話をしましたが、植民地時代の日韓関係の基本だったこの関係を忘れてきたがために、帝国・植民地時代にたいする認識がいまだ不十分なまま、混乱を起こしているのです。

さらに、長い間、軍に提供される女性たちがいた状況が注目され始めてから、軍と女性だけが注目されてきました。しかし、媒介したのは誰なのか。軍のそうしたシステムが機能するための存在が、長い間すっかり忘れられてきた。私が、業者の話を『帝国の慰安婦』の中に書いたのはそうした問題意識からです。ここ数年、ようやく業者の存在に対する注目が始まり、同時に日本人慰安婦、つまりこのシステムにおける日本人女性の存在も研究されるようになりました。そして日本人女性にも騙されたケースがあることも明らかにされています。たとえば次のように。

「公娼業者だけではなく、民間人も多くの女性の売買と詐欺のような斡旋に関係していたことがわかった」、「戦争前から女性を人身売買や騙して売春に送り込む業者が実に多く存在した」(西野瑠美子ほか編『日本人「慰安婦」――愛国心と人身売買と』二六〇頁、二〇一五)。

西野瑠美子さんは、長い間慰安婦支援運動の代表もされてきた方です。この本のタイトルには「愛国心と人身売買と」という副題がつけられ、帯には「売春婦は被害者ではないのか?」(同書帯から)と書かれています。この本は二〇一五年に出ましたが、私もまた、そういったことを問うたつもりです。

長い間強制連行説を否定してきた人たちは、ただ「慰安婦はただの売春婦」という言葉や「自発的に行った」という言葉で慰安婦問題における日本の責任を否定してきました。しかし、そうした考えは、そういう人たちは被害者ではないかのように思わせます。さらに、いったい誰が、何が「自発的」にそうしたことをさせたのか、という重要な質問を封じます。

私は本の中で、「貧困」や「家父長制」、国家主義や男性中心主義の問題を指摘しました。もっと具体的に言えば、そうした状況を作るのは多くの場合、親のため、あるいはお兄さんのためだったりするわけです。つまり、たとえ「自発的売春婦」に見えたとしても、彼女たちは誰にも批判される理由がないということです。しかし、そういった方たちの犠牲は、これまでまったく注目されてこなかった。

そして、そこまで考えると、業者など、国家政策への「協力者」の問題はさらに重要になります。

協力者の存在と暴力の構造

本日のレジュメの中に、「「〈帝国〉国民」か否か」と書いたところがあります。植民地となって「日本人」というナショナル・アイデンティティーを与えられた人たちがいたわけですが、彼らは果たして、本当の日本国民になり得たのかということです。それをさらに問うとすれば、「協力者の被害」というものはあり得るのかという問題に突き当たります。この問題に関してはこれ以上話しませんが、以上のようなことがこれまでほとんど考えられてこなかったことこそが様々な混乱を生んでいるのです。

協力者の問題を見ないといけない理由は、国家がどんなに悪い政策を立てたとしても従い協力する人がいなければ機能しないからです。

実は、当時、軍から女性たちを集めてほしいという依頼が業者たちにいったときに、業者たちは最初戸惑っていたようです。ところが、そのうち、そのような戸惑いは消えました。「国家のため」、直接には「軍のため」と思うことで協力者になっていったのです。さらに言えば、ヒトをものとして提供する、一種の軍需産業が成り立つわけですから、業者にとっても利益になるわけです。

日本ではよく、業者はすべて朝鮮人だったかのように考えられていますが、日本人慰安婦がいたわけですから、当然ながら業者には日本人も多くいました。むしろ、慰安所の規模が大きいほど日本人が多かったようです。

つまり、協力者の存在を考えることは、これからもあるかもしれない、国家の悪い政策に、私たちはどう対抗しうるのかといった、今日の問題を考えるうえでも必要な過程なのです。ところが、協力者を見ることは責任主体の問題を隠蔽するものであるかのように受け取る傾向が、韓国側のみならず日本側の一部の人々からも見られました。しかし、協力者の問題を見ない限り、私たちもいつでも意識せずに協力者になり得ます。そうした反応は、わたしの問題提起を正しく理解できなかったゆえの反応だったと思います。

戦争や帝国は、よく政治的支配の問題としてのみ考えられがちですが、本当はやはり経済利益を求めての動きです。人間の欲望は一見政治的欲望に見えるものでも、その実経済欲望だったりします。戦争も帝国も、基本的には経済利益を求めてのことであり、過去のものとは少し形が違いますが別の形での帝国主義、見えない支配主義、支配の仕組みが今なお私たちの周りには存在しているわけです。業者の問題は、国家の欲望に便乗して経済的欲望を「愛国」の名前で隠したケースと言えるでしょう。

そういう意味では、責任主体を国家主体のみに限定してしまうことは、責任主体を固定しているようでかえって一種の責任の「無責任体系」をひき起こします。無責任体系とは丸山眞男が言った言葉ですが、それとは別の意味での無責任体系を作ってしまうのです。

もっと単純化して言えばこういうことです。慰安婦問題発生初期は、この問題が民族と性と階級の問題であることはむしろ関係者の了解事項だった。ところが、慰安婦問題における世界運動の連携が強まるにつれて、階級の問題や、特に性の問題つまり、中間階級や男性の責任を問う契機が日に日に薄れていったのです。

そして、誰が「自発的売春」に追い込んだのかを考えると、少女説であれ、その極にある売春婦説であれ、その両方とも問題があることが分かります。つまり、売春差別意識を持っていたのは、必ずしも慰安婦問題否定者ばかりではありません。

これまでずっと、国家間責任問題は主に、法を基に考えられてきました。法的、法律を基にして追及したり謝罪したりするような。先ほど紹介したように、何々条約に違反したから「法的」責任を取るべきだという議論です。

しかし、例え法を基にした解決があったとして、それがそのまま東アジアの人々の心の平和をもたらすという保証はまったくありません。つまり、例えば慰安婦問題に関する日本の法的賠償が行われ、日本の首相が韓国に来て跪まずいて謝罪するようなことがあったとしても、今のままでは、それがそのまま和解をもたらすことにはならないと思います。両方の国民認識、歴史をめぐる認識を近づけるための努力を両政府や民間がこれまでの合意の前もあともまったくして来なかった。そうであるかぎり、法的措置がとられたとしても、日韓の和解は難しいでしょう。

さて、結論の方に行きたいと思います。それでは、このような状況の中で、どうすれば良いのでしょうか。これまでお話したのは、一種の暴力の構造についてです。そこで、いま私たちが置かれている葛藤の構造、その葛藤がどのように暴力になり得るのかということをもう少し考えてみます。そうした中で、私たちは何を記憶すべきなのか。さまざまな事柄の中で、何を選択すべきか。具体的に、どのような記憶を、私たちは一緒に共有できるのかということを、お話ししたいとおもいます。

最初にお話ししましたように、いま私たちの前に置かれているのは、単なる帝国―植民地構造だけではありません。その背後にあった、主にソ連（当時）、アメリカを中心とする冷戦体制、冷戦的構造を深く内面化している東アジアという地域性があります。そのことこそが、現在の日韓関係、あるいはさかのぼって植民地—帝国関係が問題となる際、常に前提となっています。さらに言えば、日本は帝国主義の近代を歩み、その結果としていまだにアジアの国々との葛藤の中にいますが、それは元はといえば、西洋の帝国主義を模倣し内面化してのことでした。

ところが、そうした体制を脱ぎ捨てたはずの戦後も、今度はソ連、アメリカを中心とする冷戦体制的な考え方を内面化しました。もちろん韓国もです。つまり、いまの日韓葛藤が大変複雑に絡み合っていることを見ることこそが葛藤を解く糸口を見いだしてくれると思うのです。

3　共通認識・共通記憶作りへ向けて

言葉が単純化されていく

そこでもう一度、最初にお話した、メディアにおける敵対的共存が、いわゆる知識人レベルではどうなっているのかということを考えたいと思います。

九〇年代以降の日本における在日問題を先端で語ってきた徐京植《ソキョンシク》という在日朝鮮人の方がい

らっしゃいます。この方には『植民地主義の暴力――「ことばの檻」から』という本があって、その中で、「戦後日本は植民地主義的な考え方を脱しきれなかった。いまでも植民地主義は続いている」といったことが書かれています。

注目すべきは、その本で九・一一を肯定しているということです。つまり、抵抗としての暴力は容認されているということです。何らかの被害を受けた人たちは、対抗の方法として暴力を選ぶことが多いです。しかし、そうした選択は果して正しいのか。

暴力を行使するのには、大きいエネルギーが必要です。一つの事柄の中に存在する多くのノイズを消去してしまうことも必要です。一種の、経験の一元化。一種の「体験の観念化」がそこで起こります。それが行われるためには、起きた事柄をできるだけ単純化しないといけません。ある意味での先鋭化が必要になります。

在日知識人の言葉を取り上げましたが、その極にある嫌韓の人たちのヘイトスピーチも同じことをやっています。知識や感情をできるだけ単純化し先鋭化して、「朝鮮人はこうだ」「在日はこうだ」というふうに一元化して非難します。そこから外れている様々な別の経験や別の存在はあたかもないかのように無視し、あるいは「例外」と位置づけます。そういう意味では、左派も右派も非難の構造では一致しています。

さらに看過されてはならないのは、そういった言葉の多くが必ず、国家あるいは法の力を借りようとすることです。本当はこうした抵抗の言葉は、体制に反する立場のはずですが、国家や法という既存規範から距離を置く発想はしません。けれども、そうではなくて法律に頼る、しかも国家機関の中に頼る状況があって、自ら国家化する。私はこれを「国家主体化」というふうに言っていますが、結局、抵抗してきたはずの国家暴力さえも容認してしまうことになりかねないというのが、私の、そうした言説に対する疑念であり危機意識です。

こういった状況にどのように対抗できるのか。戦争開始は、もちろん、あるリーダーが決定しますが、勝手には決定できません。やはり国民の支え、リーダーの決定についてくるような支持や感情がないと、少なくとも今日では戦争は無理でしょう。だからこそ、戦争の前段階として、いろいろな国民感情を動かそうとする状況、構造が働くのです。具体的に過去の人や歴史を借りてきて、怒りや反発を呼び起こし、同意を求める動きが始まります。

記憶は多様に存在する

敵愾心を煽るために過去を持ってくる人たちは、よく「ファクト（fact＝事実）」に固執します。しかし、ファクトは必要ですが、物事を判断するための十分条件ではありません。結局はある事柄を「どのように」考えるのか、どのように受け止めるのかの方が、より重要になります。

もちろん、基本的な事実は、できるだけ本当の言葉の意味での事実は見ておくというのが必要だし、重要です。しかし、私たちには過去に起きたすべての事実を知ることは、不可能です。そうである限り、「ファクト」にもとづく方法は、「過去」に対して総体的な判断を下す方法として不十分です。そうした中で、どのような「ファクト」や「記憶」をより大切にするのかが重要になります。

この絵をご覧ください。これは、先ほどお話しした後藤さんと同じように、引き揚げてきたひとりの日本人が描いた絵です。元山出身の方で、そこでの思い出をいろいろ書いていて、そのなかの一枚ですが、描かれている人は、その元山にあった小さいお店のオモニ（奥さん）でしょう。そのオモニが、度々赤ん坊を背負って、おんぶひもを巻いたおなかのなかにお米を隠して届けてくれたとする絵です。「タンダニ・コマスムニダ」と書いてありますが、「どうもありがとうございました」という意味です。

引き揚げの時、北朝鮮ですからまったく食べ物などが配給されない状況の中で、日本人の多くが、ともかくも自力で食糧を手に入れないといけない状況が、一九四五年八月から次の年の少なくとも五月、六月まで続きました。そうした状況の中で描かれた絵と思われます。

これは、敗戦で日本人が困っていた時に、助けた朝鮮人のことを描いた絵と言っていいと思います。しかし、これを見て一概に「朝鮮人は日本人を助けた」と言ってしまうことはできません。なぜなら、同じ時期にこれとは反対の無関心や暴力もたくさんあったからです。そうした中で、

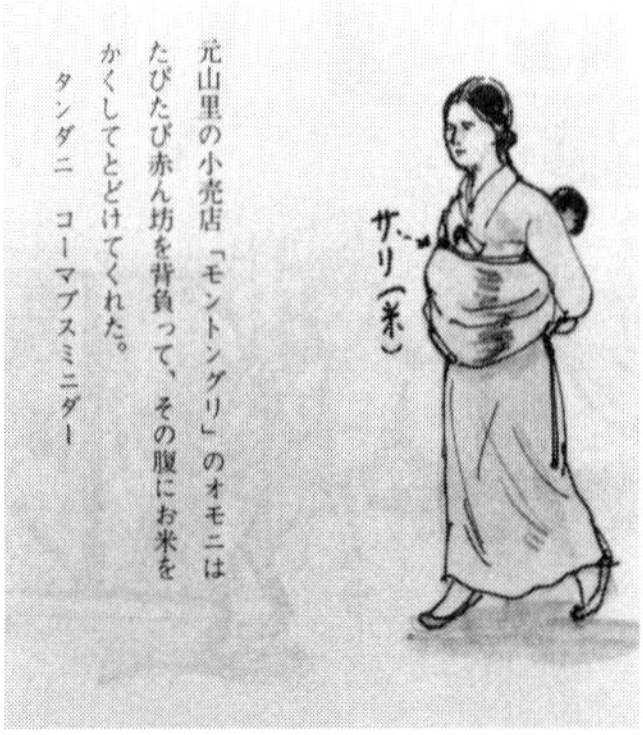
元山里の小売店「モントングリ」のオモニは
たびたび赤ん坊を背負って、その腹にお米を
かくしてとどけてくれた。
タンダニ　コーマプスミニダー
サリ（米）
引き揚げ者が描いた絵（『元山の想い出』笠井久義、私家版、1981年）

どちらの事柄を重視するかによって過去への記憶も語りも変わってきます。それが両立して自己主張するとき、私たちはどちらを見るべきでしょうか。

『帝国の慰安婦』に、例えば慰安婦を恋した軍人がいたことも書きましたが、そうしたことは例外にすぎない、それを書く目的は日本の責任を免罪するためだ、というふうに非難する人たちがいました。つまり、朴裕河は例外を持ってきて、あたかも全体であるかのように書いている。というのがそうした人たちの言い分でした。

しかし、まず言えるのは、それを「例外」と言い切ることはできない、ということです。私はこうしたことを証言集から引きましたが、最近の口述史研究は、人が何かを語ることを求められる時は、その場で求められている内容を中心に話す、ということを明らかにしています。

さらに言えば、たとえ例外だったとしても、そういう人を記憶する意味がないのか、ということをも考えられるべきです。私は、あると考えて、敢えて書きました。

公的歴史、私たちが歴史として知っているある事柄は、実はひとつの記憶の選択にすぎません。そうした中で、できるだけ多くのことを漏れなく見ながらも、何を忘れるべきでないか、注目すべきか、ということが重要になります。

私の知り合いの日本人の方で、お父さんが戦時のときに衛生兵だったという方がいました。多くの軍人が負傷して病院に運ばれている中で、足りない薬品や水を、どうしても日本兵に、どうしても日本人に先に与えてしまう状況だった。そういった中で、この日本人衛生兵は、日本語も下手な朝鮮人日本兵に水とか薬品を与えたという話を聞いたことがあります。とてもいい話だと思いました。

こうしたケースこそ、おそらく例外でしょう。先程の、日本人を助けた朝鮮人女性の例も間違いなく例外のはずです。その空間では、助けるのではなく排除するのが中心的だったはずだからです。程度の差はあってもほとんどの人が朝鮮人を差別するような構造の中で――これがまさに植民地構造です――例外かもしれないが存在した、ある精神や態度をこそ、共有し伝えるべきものと私は考えます。名もない人の声や態度かもしれませんが、それこそ「精神」という言葉に値する行為と考えます。

敵対的共存状況を乗り越える

中心の言葉、中心から発信させられる言葉は、どうしても政治的になりやすくそのために単純化されやすいです。そうした歴史の政治化から自由になる必要があります。近代国民国家時代は、女性、老人、地方など周辺部の人たち、複合的な文化を身につけた、純粋ナショナル・アイデンティティーの中心にいた人たちからは「雑種」と見られた人たちが差別されてきた時代でした。そして、そうした時代の問題を指摘され始めた九〇年代以降、今度はその反対のベクトルでの反発が時代を動かし、同じような暴力を働いています。

そうした状況による混沌をみつめ、こうした敵対的共存といった状態を乗り越えていくことが日韓両方にとって必要と考えます。でなければ、単なる心理的葛藤である状態を通り越して、本当の武力・暴力さえも引き起こすことになりかねないと思います。つまり、過去や現在の様々な記憶のうち何を見いだし、大切にしていくかは、人や国家間の関係さえも揺るがすほど重要なのです。私たちを暴力の方へ導こうとする言葉を見抜いていく力を育てたいものです。本日はそうしたことをお話ししたかったです。

最後に、昨年夏、韓国で開かれたあるシンポジウムで話した内容の一部を読ませていただきます。

選択的な記憶を強要し、あるいは隠蔽する「記憶の政治学」を超えて、あるがままの過去と直面する必要があります。加害であれ、協力であれ、被害であれ、封印された記憶を直視することを恐れる必要はありません。なぜなら、そのような試みこそ、過去に対する責任が誰にあるのかをより明確にするからです。アイデンティティーは一つではありません。そのことを見ることは、批判と許しの対象をより具体化してくれます。恐れと否認は、私たちを、いつまでもトラウマを抱えた虚弱な自我のままにしておきます。

日韓協定締結五〇周年、解放七〇周年を迎えた今年、これ以上時間が経たないうちに、日韓がともにする、そのような新たなスタートが必要です。（「記憶の政治学を超えて」、「東アジアの和解と平和の声」発足シンポジウム資料集、二〇一五・六）

ご清聴ありがとうございました。

記憶と大衆文化
——韓国における日本・日本人・日本文化

金《キム》成玟《ソンミン》【北海道大学】

大衆文化を通して日韓関係の歪みをみる

皆さん、こんにちは。今日このような貴重な場にお招きいただき、誠にありがとうございます。とても光栄に思います。

九年前に、博士課程の一年生だった時に一度福岡に来たことがあります。就職が福岡と真逆の北海道になってしまい、九年ぶりなのです。福岡の方にお会いしたら、ぜひお話ししたかったことがありました。昨年（二〇一五年）のソフトバンクって、本当に強かったですよね。幸い、李《イ》大浩《デホ》さんがいなくなってくれて、日本ハムファンから見るとありがたい感じなのですけれども、本当に強かったので、ぜひその話をしたかったです。

最初、僕がご依頼を頂いたテーマは、韓国における日本人イメージの変化というようなものでした。僕は、文化を研究する人間で、単純化して説明したりするのはあまり得意ではありませんので、日本人イメージを日本論と日本人論と日本文化論とに分けてみました。それによって何が見えてくるのか、というのを自分の研究に基づいて皆さんとお話ししてみたいと思います。

そもそもが、大衆文化を研究するというのは、実は権力の話をすることなのです。それは、権力の構造を明らかにし、その中における権力闘争をいろいろなアクターやファクターから見ていくことだと、僕は思っています。韓流の売上がいくらだ、売上がこれぐらいになったら日韓は大丈夫だろうという話をするのではなくて、その中における人びとの複雑な認識と感情、様々な欲望や抑圧、また眼差しや態度というようなものを拾い上げていく、それと向き合っていくことだと思うのです。

ですから、多分、本日何回かお話しが出た、日韓の四大問題との関係でいえば、大衆文化は、恐らく何もできませんし、たぶん大衆文化からは何も解決できないと思います。しかし、大衆文化を通して、戦前から、あるいは戦中から、そして戦後から続いているいろいろな権力構造や関係を明らかにしたり、浮き彫りにしたり、四大問題に隠されていたかもしれない人々の物語を、逆に拾い上げていくことができるのではないかなと思います。

先ほど上野千鶴子さんもおっしゃったのですが、つまり「歪み」ですね。歪みというのは、単なる政治、経済だけでは見えないところがあって、そこに文化という水準を取り入れることによって明らかになっていきます。

本日のお話で、僕が言いたいのは、その重層がイコールにとらえられている状態、「日本人＝日本文化＝日本」、あるいは「韓国＝韓国人＝韓国文化」というのがいかに危ないのかということなのです。自己認識もそうですし、他者認識もそうです。これが単純な構図になっていけばいくほど、ある意味ファシズムのような危うい状態に近づいていくことだと、思います。逆にこの三つの次元が、複雑に葛藤したり、矛盾したり、せめぎ合ったりしている状態、それがむしろ、健康というか、あるべき状態なのではないかと思います。ですから、本日のお話は、少しでもその中にあるダイナミズムを皆さんと共有できればと思います。

「好日―反日」では表現できない

一つ事例を挙げます。二〇一二年の韓国大統領選挙前、有名な池上彰さんが、いつものように大統領選挙を解説されたわけですが、「朴槿恵《パククネ》は日本に友好的で、野党の文在寅《ムンジェイン》候補は反日だ」

と紹介していました。皆さん、もうここ三年ぐらい、いろいろと日韓の状況を見ていらっしゃいますので、このような説明でいいのかと思われるでしょう。しかし、恐らく次の選挙でも、またこれと同じような見方が出されるかもしれません。多分、そうなると思います。

朴槿恵さんが朴正熙《パクチョンヒ》大統領の娘さんだという背景がもちろんあるのかもしれないと思いますが、それ以前に、フレームが作られてしまっているようにみえます。もうこれで韓国の野党がどういう勢力で、どういう人が集まっていて、何を求めているのかということについては多分議論になりません。この「日本に友好的か、反日か」というマジックワードで、すべてが説明されてしまいます。

本日も、多分パネリストの話の中で共通すると思うのですが、そのようにきれいに分けられないですよね。言うまでもないのですが、韓国社会においても、韓国に対して友好的か、批判的なのかということですべてが決まってしまったりします。問題は、両極端の友好的あるいは反感という間に存在する実は多数の人々の声が、聞こえなくなってしまうことです。皆黙ってしまいます。多分、ここにいらっしゃる皆さんも、そういう経験をされているのではないか、と僕は勝手に思ったりしますけど。

例えば、皆さんがそのような極端な見方を前にして、どういう思いをされるのか、逆にとても聞きたいところでもあります。そういう極端なフレームや関係が、一つの権力構造にもなっているのではないか。それは、抑圧されている状態です。

少し自分の話をしますと、僕は七六年にソウルで生まれて、韓国の民主化後の海外旅行自由化になった八九年には、中学二年生でした。世代に限って言うと、戦後初めて大人になる前に日本を訪ね、日本人と接することができた世代でもあります。

日本の文化と違和感なく向き合った、初めての世代かもしれません。本日の話のメインテーマなのですが、禁止されていた日本の海賊漫画を漫画喫茶などで読んでいましたし、人より早く東京を経験したりもしました。大学生の日韓交流などもずっとやっていましたし、結局、日本で学位を取ったりもしました。

それでも韓国に生まれて、ソウルで教育も受けていたわけなので、これまでの過程というのは、実は自分の中の矛盾と向き合う過程でもありました。いろいろなことを経験しながら、自分の中で、「自分はなぜこういう矛盾を感じているんだ」という、葛藤もありました。

そのようなことをずっとやってきて、その結果、自分のまなざしというか視点というのが、一国的な次元では物足りなくて、トランスナショナルな、あるいはもっと広い地域の次元に広げない限り、韓国のことも、日韓のことも、東アジアのことも見えないのではないかということを、肌で感じたわけです。

拙著『戦後韓国と日本文化――「倭色」禁止から「韓流」まで』（岩波書店、二〇一四）という本にも書きましたが、日韓の関係、特に文化的関係も、単純に二国間の関係や枠組みでは把握しきれなくて、近代の普遍性とグローバル化の構造、また東アジアという時空間の特殊性を共に理解しないととらえられないだろうという、研究者としての問題意識もそこから来ているところがあると思います。

このような文脈で、本日のお話は、日韓をめぐる強固なフレームに少しでも亀裂を与える話をしたいなと思っています。

解放以降の四つの時代区分

一九四八年に韓国政府が樹立していますので、もうかなり長いのですが、本日は朴槿恵大統領までの戦後の流れをざっくり以下のように切ってみようと思います。

第一に、一九四五年から六五年というのは、あえて「倭色一掃」をキーワードとして出してみたのですが、アイデンティティー政治、ナショナル・アイデンティティーというのを形成しようとしていた時期です。

解放空間や米軍による統治、南北が分かれて政府が樹立され、朝鮮戦争があり、四月革命や軍事クーデターまでありました。まだ日韓の国交正常化がなされていない時期です。この中で、どういう経験をしていたのかに注目をしてみたいと思います。

第二に、一九六五年から一九八八年です。いわば開発独裁期と言われる時期で、朴正熙政権から全斗煥《チョンドファン》政権につながる軍事政権による開発独裁期です。その中で、日本の大衆文化禁止というのは、どのように構築されるのかについて、またその中における、日本の作用というか、日本論による自己抑圧のメカニズムについても、語ることができるかと思います。国交正常化から始まって、当時日韓は、例えば日本の多くの男性の観光客がキーセン観光で韓国に行ったり、韓国はベトナム戦争に行ったり、いろいろな経験をしています。

第三に、一九八八年からで、世代的には僕が一番強みを持っているかもしれない、ちょうど二〇〇二年のFIFAワールドカップ共催までの時期です。僕が言っているいろんな意味での言説としての、あるいは実践としての禁止が、どのように解体されていったのか、それまで強固に作用していた日本論は、どのように破片化していったのかという話が、ここでできるかと思います。

民主化は言うまでもなく、ソウルオリンピックをはじめいろんな開放政策とアカデミズムの変化がここで出てきます。ナショナリズム批判、あるいは文化研究、カルチュラル・スタディーズなどが、この時期に輸入され、拡散します。海外旅行もそうですけども、そこが九八年の小渕首相、金大中《キムデジュン》大統領による日韓の宣言、二〇〇二年体制の話が、この九八年に出てきます。同時に、日本大衆文化開放宣言が九八年に出されています。

最後に、皆さんがもう既によく経験されている二〇〇二年から現在に至るまでの時期です。日本人論、日本文化論が多様化していって、日本論も新たに語られていく時代でもあります。「韓流」や「嫌韓」があって、そこにヘイトスピーチがあって、それらがさらに複雑化している時期だと思うのです。

冷戦システムへの移行

本日、あまりお見せするイメージは多くないのですけども、日韓の話はこの冷戦の話から始まります。冷戦的な文化地図というのがあるのだと。そこに、味方と敵があって、それに対するまなざしが形成されて、態度も決まってしまうと。この時期というのは、アメリカを中心とした地図がマッピングされる時期なのです。米軍基地をめぐる様々な経験が物語っているように、冷戦的な文化地図というのは、日―韓という対立関係で見ることのできない意味を含んでいます。しかし同時に、「倭色禁止」というのが出てきます。写真の小さな文字がよく見えているか分かりませんが、「タバコ」というふうに書かれています。植民地時代において、失われたもの――特に文化的に失われたものという、その象徴の一つが言語、朝鮮語です。要するに、自分の母語で話すことができなかった。そういう意味で、日本語は、植民地から脱却するための、いち早く消していかなければならない象徴的なものでした。

日本語もそうですし、レコードや映画などの日本の大衆文化というものを消していく。それに

なくならない倭色
（『京郷新聞』1947年
1月12日）

よって、日本の帝国主義に対する反感と恐怖を象徴する「倭色」という言葉を通して、文化的な自尊心、あるいは優越感というのを取り戻すという作業でもありました。

　一方で、北朝鮮という、同じ民族というよりはもうひとつの敵がそこで浮上してくるわけです。民族主義というのは、もう朝鮮半島の中で作用する場所がなくなってしまいます。戦争をしたわけですから。だから実は、そういう意味で、民族主義というのが、李《イ》承晩《スンマン》政権としては、使えなくなります。同時に、李承晩からすれば、倭色で象徴される反日ナショナリズムというのが政治的な正当性を表す重要な手段でもありました。

　冷戦的空間がなぜ大事かというと、単なるアメリカが間にあったということだけではなくて、「戦後」をどのように構築していくかというところで、新たな問題をいろいろ生み出していったからです。植民地協力者をどうするか、新たな制度をどう作るかというところで、韓国の多くの人は、新たな構造を独立的に作ることができなかった。いまだに多くの人は、そういうふうに思っています。そこは、戦後の韓国の歴史が語っているところでもあると思うのです。だから冷戦的なマッピングがかなり重要な役割を果たしている点を必ず理解しなければならないのではないかと思うのです。

日韓国交正常化による変化

そこで一九六五年が来ます。韓国政府が出した白書を見ると、日韓の国交正常化における文化の位置付けがわかります。これはもう皆さんご存じの方が多いと思うのですけども、日韓国交正常化に多くの韓国の人は反対をしていました。それを正当化する論理として、アメリカの位置を強調し、日米韓の関係が今の時代においてどれだけ重要なのかという論理を出しているのです。

つまり政治的な関係だけではなくて、経済発展という、朴正熙政権からすれば、唯一、自分たちの軍事政権としての正当性を保てる手段として、この日韓国交正常化は非常に重要だったのです。やはりアメリカという存在が入ってきます。

一九七八年、朴正熙さんが亡くなる一年前の政府資料によると、文化財の問題をテーマにしているのですが、他の国と持っている文化協定のようなものが実は日韓の間にはないということを書くのです。

六五年体制は、文化という問題と向き合っていません。ややこしい問題を全部排除したり、黙認したりしています。

日本大衆文化の話からすれば、国交正常化によって国交がそれこそ正常化されたので、大統領が禁止の話をすることは難しくなってきます。国交正常化のその次の年に、朴正煕さんはこう言います。「日本の文化が流入しないように、個々人が頑張っていくべきだ」と。それまで、韓国のナショナル・アイデンティティーの公式な問題だったものを、いきなり個人の問題にしていくのです。僕は、それは制度的、法的な禁止（英語でban）から、もっと精神的で、集団的な感情に近いところの禁止（英語でprohibit）に転換されていったと思うのです。そこを六五年体制の文化的な側面の一つの特徴として捉えています。

しかし、日本のいろいろな文化はこの時期に様々な形で韓国に入っていきます。日本のアニメ『マジンガーZ』が、アメリカのアニメとして入ってきたりしたのもこの時期です。

この時期というのは、韓国においては、メディア産業、大衆文化産業が形成していく時です。市場が発展していく時期であり、開発主義が国の最も大きな目標であった時期です。当時のメディア産業の人々にとっては、日本のコンテンツというのは、視聴率のためにもとても重要なものでした。それを、国籍を変えたり、剽窃をしたり、模倣をしたり、いろんな方法で日本の大衆文化を取り入れるわけです。そのことが国会の中で議論になったり、また議論がなかったことになったりもするわけでして、実はここが問題の核心だと僕は思っています。

僕は、フロイトを引用しているのですが、なぜこういうことが可能だったのかというところで、「否認」という概念を使いました。「なぜ禁止されているのに消費できたのか」「どのように流通していたのか」という疑問に対して、あえて「否認のメカニズム」という言葉を使っているのです。

流入の方法を具体的にみてみると、色を変えたり、着物を韓服にしたり、人の名前を韓国人の名前にしたり、国籍を変えたりする、材料の歪曲が行われているのがわかります。それによって、禁止自体はうまく守られて遂行されているわけです。日本のものではないので、禁止という規則は違反されていない。しかし、同時に日本のものが入ってくるという構造が、この時期に強まってきます。

同時に、政府は何をしたかというと、韓国のベストセラーの音楽が、倭色を理由に禁止曲にされて放送されなくなります。日本のアニメは普通にテレビで出ているのに、韓国のアニメ、音楽が倭色を理由に放送されなかったわけです。「倭色」というのが、朴正煕政権になると国民動員の方法として使われるのです。それが、大きく言うと「否認のメカニズム」になり、いろいろな意味で自己抑圧の経験を生み出していきました。それを「倭色の文化政治」と名づけているのですが、その中で、いろいろな禁止の論理が出てきます。青少年の保護、民族アイデンティティーや国内文化産業の保護などの名目で出てくるのですけども、そこも基本的には禁止を遂行していく過程であると捉えています。

「日本大衆文化禁止」の解体

このメカニズムが、八八年以降著しく変化していくのです。まずは民主化です。そして、ソウルオリンピックによる国際化。皆さんも、一九六四年の東京オリンピック後の日本の様々な変化を思い出していただくと、多分お分かりになると思いますが、本当にすごい勢いで開放化・国際化していきます。グローバル・メディアもこの時期に初めて話題になりますし、日本の衛星放送が入ってきたりします。

それまでの日韓の問題の多くもここから崩れていくのです。日本のコンテンツの問題は、普通の国際著作権の法律によって変わっていきます。衛星放送に対する制度がまだなくて、まず放送が入ってきて、それに韓国人が反応していったりします。『日本はない』（日本題名『悲しい日本人』）という、当時ベストセラーになった日本人論のような本がありました。ベストセラーになったわけなのですが、同時にとても大きな批判の的にもなりました。なぜかというと、それ以前の時代のような日本論がもう通用しなくなっていくからです。いろんな人が、自分のところで日本の文化を経験したり、自分の日常として日本の大衆文化と向き合っていくことになったからです。

この時期に何があったかというのは、皆さんが本などを読んでいただければお分かりになると思うのですが、僕が言いたいのは、小渕恵三首相と金大中大統領の政府間での動き、つまり韓国政府による日本大衆文化開放というのは日韓の新たな時代の始まりだったのか、という問いなのです。

実は、僕はそのように単純には思っていません。つまり日本大衆文化が開放されたのが九八年であって、それまで禁止されたというふうにまとめられないと思っています。八八年から一〇年間のいろんな経験、市場が変わって、社会が政治的に変わっていって、東アジアの地政学的な構造も変わっていき、その中で、大衆にはいろんな経験が蓄積されていく。そのような、たくさんの経験と変化が、実は日本大衆文化開放という政治的な動きを生み出したのだ、と僕は思っているのです。

開放して韓国の人が自由になって、日本の文化と接し始めたのではなくて、自分の矛盾と葛藤と向き合いながら日本の大衆文化を既に多くの人が受容していること自体が、開放に至る一つの論理だったわけなのです。

いくつか、面白い事例を紹介してみたいと思うのですが、まず韓国の詩人による詩です。ユ・ハさんという有名な、映画監督でもある詩人の九〇年代の詩を見てみましょう。

僕は、アメリカ版ボール紙小説（海賊版小説：引用者）
ヒューマンダイジェストで英語を学び

海賊版レコードでさえ消されていた禁止曲だけを愛唱した
僕の領土だった同時上映館の匂いと、ブルーライト
ヨコハマ
ちんぴら、学校の壁の穴と世運商街《セウンサンガ》のバラック
僕はあらゆる違反を愛し、
捨てられた悪罵と隠語だけを愛した。(「世運商街《セウンサンガ》KIDSの恋3」『世運商街《セウンサンガ》KIDSの恋』)

彼は事後的にこのようなことを自分の話として言うわけなのですけれど、明らかに、前の時代、前の世代、六五年体制的な感覚では書けないものでした。この詩人を、多くの論者は、韓国のポストモダニズムの最初の詩人だと言います。こういう経験を語ることが、いかに重要なことだったのかということにもなります。

次に、九八年の追悼文です。監督の黒澤明さんが亡くなってから韓国の映画雑誌に出てきた、それを悲しむ映画評論家の追悼文です。その喪失感、黒澤がいなくなったところに対する思いを書いています。これも少し前の時代だったら、多分書けない文章ですね。

もう、天地創造を起こせる映画監督はほとんどこの世を去ってしまったようだ。ここで、わ

れわれは悲痛な心情で黒澤明を送らねばならない。巨人たちはわれわれのそばを去り、地球に残っているわれわれはどんどんささやかな存在になっていく。文学がドストエフスキーを失い、その喪失感を誰とも代えられなかったように、黒澤の空いた場所は永遠に誰とも代えられないだろう。しかし軽快に歩き振り向く三十郎のように、黒澤は、嘆くわれわれにこういうだろう。馬鹿野郎、これからはお前らの時代だ。だからこれからはお前らが大人なんだよ。そうです。監督。さようなら。黒澤——。(「別れのあいさつ——黒澤明監督へ、一九一〇—一九九八」『月刊KINO』一九九八年一〇月号)

次は、九六年の話を九九年ごろに書いたわけなのですが。大学で流行っていた、当時の『Love Letter』——もちろん日本大衆文化が開放されていなかったので、無断で複製されたビデオテープが三〇万個くらい全国を回っていて、既に一〇〇万人に至る若者が見ていた——の経験。日本列島の岩井俊二という若い監督から舞い込んだ『Love Letter』を自分の物語として受け入れるに至った話を書いています。

ここで詳しく申し上げていないのですが、六五年体制的な日本大衆文化禁止というのは、あらゆる建前が必要な構造なのです。日本の文化が好きだ、日本人監督が好きだ、日本の何かに憧れを持っているというようなことは、実は話せない。そのようなことを話せるのは知識人で、その

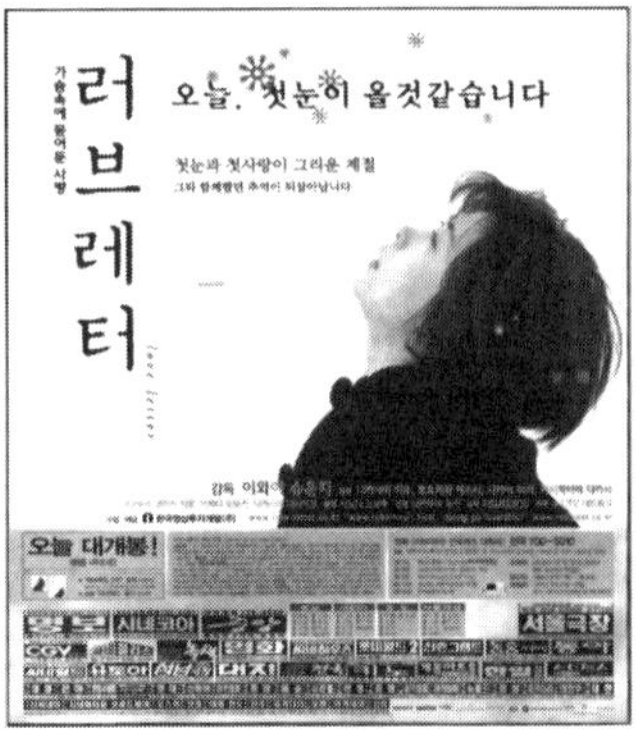

映画「Love Letter」公開日の新聞広告
（『京郷新聞』1999年11月20日）

対象になるのは、ある意味ハイカルチャーのみでした。大衆文化を巡る経験がパブリックに語られ始めたのは、九〇年代の経験です。

韓流ブーム以降の日韓関係

ワールドカップ共同開催の二〇〇二年以降の両国のせめぎ合いというのは、既にご存じのことになると思います。東アジアにおいて韓流ブームが巻き起こることで、「アメリカ的なもの」や「日本的なもの」を受容、模倣しながら形成した韓国大衆文化が、アジア諸国で活発に消費されているという、それまで経験したことのない現象が起こりました。そのなかで、日本大衆文化に対するまなざしと態度、戦略も変わりましたし、旧被植民者あるいは周辺国として持ち続けていた複雑な認識と感情が変化し、日本に対する新たな親近感を持つようにもなりました。

日本の大衆文化はより広く受容され、小説を中心とする日本の書籍の人気はますます高まりましたし、日本への旅行、和食文化の拡散も目立つほど広がりました。同時に歴史・領土問題としての日本は、依然として存在します。むしろ、二〇一〇年代に入ると、日本の保守化や国内政治の事情と絡まって、ますます難しい問題になっていきました。つまり、二〇〇〇年代以降の韓国において、日本・日本人・日本文化は、ますます複雑なかたちで絡み合い、せめぎ合うことになるということです。多様な日本論・日本人論・日本文化論が共存しているという意味では、「日本大衆文化禁止」を可能にしたような、既存のフレームは、もう今は作用しないと言ってもいいでしょう。

まとめに入りたいと思いますが、実は上野千鶴子さんと小熊英二さんが鶴見俊輔さんと鼎談された『戦争が遺したもの』という本に、こういうところがあります。鶴見俊輔さんに、「なぜ朝鮮、韓国について、あまり書いていないのですか」と尋ねておられます。それに、鶴見さんが、「書ける方向性を持っていなかったから」とおっしゃいます。僕も、自分の本を書きながら、ずっとそれを思っていました。

韓国を抽象的に書くこと。この日韓の大衆文化問題の公式的な話というのは、実はすごく簡単なのです。韓国は戦後ずっと日本の文化を禁止して、九八年に開放した。開放するまで入ってきたのは、二重的な態度による裏からの輸入であり、裏からの消費であり、それこそ韓国社会の二重性を表す象徴的な現象である、というふうに嫌韓の本にも出ているわけです。

なぜこれまで、韓国でこの話を詳しく述べていなかったのだろうとよくよく考えてみると、そこもやはり、「書ける方向性を持っていなかったから」だと思うのです。単純なマジックワードを使ってはこの事象は語れません。単純な構造の中に、この話は取り入れることはできません。その中には、日本を巡る他者の過剰と自己抑圧の歴史が含まれており、その中で、強固な日本論がどのように破片化して、その中で、いかに多くの日本人論、日本文化論が出てきたことか。

それにもかかわらず、依然として混乱している。せめぎ合いというか、いろんな人が、常に傷ついているので、そこをどこまで語ることができるのか。どこまで希望的なものや、ことを語ることができるのかという限界もあると思うのです。

「他者の過剰」と「他者の不在」を超える

僕がやはり注目したいのは、日本、日本人、日本文化の間の流動的なテンションなのです。時代によって、常にテンションが変わっていく。また、そこだけを見るのではなくて、そのテンションは何を生み出してきたのか。それは、文化だったら文化であり、それがアクターだったらアクターだと思うのですけども。そこに注目したいと思うのです。

例えば、九〇年代後半以降に、韓国に多くの若い、いい映画監督が出てきます。皆さんもご存じの方が本当に多いと思うのですが、奉俊昊《ポンジュノ》さん、洪尚秀《ホンサンス》さん、朴賛郁《パクチャヌク》さんなどです。皆さん共通して言うのは、いかに自分が日本やアメリカ、ヨーロッパ、アジアのいろいろな文化から刺激を受けてきたか、ということです。彼らの映画はその蓄積と同時に、軍事政権において行われた検閲の中でも作り続けてきた人たちの経験、それらの産物なのです。

僕は、そのようなテンションが何を生み出してきたのかというところで感動したりもするのですが、まさにその点に注目していきたい。同時に、韓国の数十年間が、日本という他者が過剰に作用していた時代というならば、逆に日本の社会というのは、韓国という他者が不在していた長い時期があるのではないかと思うのです。そのバランスの問題をどのように見ていくかというところです。

ですから、皆さんの個々の経験、個々の矛盾というのをどんどん前に出していって、そこに出てくる問題というのは、単に拒否するためではなくて、出合うためのものでもあるという、若干きれいごとに聞こえるかもしれませんが、そこで出てくる歪みというものに光を当てることが大事なのではないかと思います。

最後に、写真を一枚お見せします。映画監督の是枝裕和さんが、釜山映画祭を応援するために撮ったものだそうです。釜山国際映画祭――福岡から近いので、皆さんご存じだと思うのですけど――で、沈没したセウォル号のドキュメンタリーを上映したのですが、それが問題となって、いまだに映画祭に対する政府の弾圧が続いているのですが、それに反対するメッセージをどうして是枝さんは書いたのでしょうか。いきなり、「朴槿恵嫌いだから」と言って書いたはずはないでしょう。ここ二〇年あるいは三〇年間に蓄積された、映画人たちの交流、いろいろな経験、信頼というのが、日韓という枠では捉えきれない、国家に対する抵抗や社会における連帯を生み出していると思います。

皆さんの見えないところで、日韓のフレーム、いろいろなマジックワードでは見えないところで、実はいろいろな人が闘っているのです。インディーズ・ミュージシャンたちが国家や社会を批判しながら楽しく、しかし悲しく遊んでいたりもしています。

だから、公式的に見えている現在の日韓に関わる現象は、確かにとても絶望的なところが多いですが、しかし、僕などが感じてしまう絶望感というのは、例えばヘイトスピーチを前にしている在日の方からすれば、もう何でもないことだと僕は思っています。

むしろ、僕が見たいのは、生産されるもの、それが作り出す何かというところを、皆さんと共有することであり、文化だからこそできることではないかなと思っています。

ご清聴、ありがとうございました。

若い世代の認識ギャップとメディアリテラシーの必要性について

水野俊平【北海商科大学】

はじめに

ただいま、ご紹介にあずかりました北海商科大学の水野と申します。今日は「若い世代の認識ギャップとメディアリテラシーの必要性について」ということについて語らせていただきたいと思います。お手元にレジュメがあるかと思いますけれども、本日はパワーポイントをご覧いただきつつ、適宜レジュメの方も読ませていただきたいと思います。

まず、本日こういったお題を頂きましたけれども、本論に入ります前にまず結論の方から手短に述べさせていただきたいと思います。本日お越しいただいた方々は、韓国に多少なりともご関心がおありだと存じますが、いかがでしょうか。韓国がお好きですか、お嫌いですか。まず、本日のお話は、そうした好き嫌いでは割り切れないですよ、ということであります。

結論の二つ目です。いま日韓関係はあまり良くないと思っている方が多いと思いますけども、現在の日韓関係は韓流とか日流——日流というのは韓国における日本文化、日本の大衆文化です——といった文化交流とか、国際交流とか、専門家の提言でも大きく変えることができないということです。

それから、結論の三つ目ですが、日韓の間には、根拠のないあやふやな言説が大量に溢れている。これが、日韓関係に悪影響を及ぼしているということです。ここが重要なところなのですけども、これを具体的にどうすれば良いのかというと、日韓の一般の人々が、日韓間で語られる言説をできる限り客観的に徹底的に検証すべきであるということ。そして、その結果を、相手が理解できるように礼節を持って発信しなければならないということです。

実は、私は日本に二二歳までおりまして、その後韓国に一六年間住んでおりました。そして、その後日本に戻って一〇年住んでおります。本日、述べさせていただくのは、韓国と縁を持った三〇年くらいの間、徹底的に考えた結果として、こうした結論に到るしかないという集大成でもあります。これからその根拠を順を追って申し上げたいと思うのですけれど、この結論は、また最後にもう一度繰り返させていただきます。

ワールドカップから「嫌韓」が始まった

日本の現状から述べさせていただきますと、韓国に対して非常に批判的な言説が多いですし、韓国に対して反感を持っている人が多くなっています。このような雰囲気をまとめて「嫌韓」と呼んでいるのですけども、この「嫌韓」という言葉は、辞書にも出ていない言葉です。いつごろから言われ始めたのかというと、実は一九九〇年代初頭なのです。それまでは、「嫌韓」という言葉は、私の知る限り、存在しませんでした。

その発端となったというのが、昭和天皇のお言葉（お詫び）問題です。それから、従軍慰安婦問題だったのです。特に、一九九〇年の盧泰愚《ノテウ》大統領訪日のときの天皇のお詫び問題。それから、一九九二年の宮澤首相訪韓時の従軍慰安婦問題。これが「嫌韓」という言葉が生まれた契機だったのです。

この当時は、「嫌韓」という言葉は一部の韓国専門家の間で語られるような言葉であって、一般社会に拡散することはありませんでした。この言葉が広く語られ始めたのは、意外なことに、二〇〇二年の日韓ワールドカップ共催以後からだったのです。友好と親善を目的とするという、表向きの名目を掲げた大会が、嫌韓の始まりになったというのは、韓国を嫌っている人が誰でも言うことです。

この時期から、二〇一二年までを第一次嫌韓期というのだそうです。これは、私が命名した概念ではありません。一般的に言われていることです。その二〇一二年までの間に、韓流ブームに対する反発とか、いろいろな出来事が起こっていました。

これは指摘しておかないといけないことですけども、同じ時期に韓流ブームが隆盛を極めていたのです。二〇〇二年ごろはドラマブームでした。これは第二次韓流ブームというのだそうです。ちなみに第一次は映画、第二次はドラマ、第三次はK―POPというふうに分類するのが一般的なのだそうです。

その韓流ブームと並行するように嫌韓の雰囲気も拡散しており、二〇〇五年には『マンガ嫌韓流』という漫画が公開されて、ネットの世界に封印されていた嫌韓が、初めて公刊という形で表の社会に出てきました。

インターネットの普及が「嫌韓」を拡大させた

二〇一二年からは、第二次嫌韓期なのだそうで、このエポックメーキングとなったのが、李明《イミョン》博《バク》大統領の竹島（独島）上陸、それから大統領の天皇への謝罪要求発言だったのです。どちらのウエートが大きかったかというと、やはり天皇の謝罪発言だったというふうに感じています。

各時期の特徴を少しまとめてみますと、まず、九〇年代の初頭は、極めて韓国に対する情報が限られていました。マスコミ、専門家、政治家、外交官、それと物好き、一部にいた韓国オタク——私もその一人でしたけども——、そういった人しか韓国に関心がなかったのです。あとは、政治的な脈絡、いわゆる市民運動家として韓国に関わりのある人は若干いました。例えば、小田実さんとかです。

このように、韓国に関心を持つ人が非常に限られていたので、嫌韓が広範囲に拡散することはなかったのです。また、韓国関係の報道や情報もマスコミのフィルターがかけられていましたので、あまりとんでもないものは伝わってこなかった。この時期、非常に問題になったのが、政治家の発言でした。これを韓国では「妄言」と呼びます。例えば、日本の政治家が植民地支配を正当化する発言をすると、韓国では「妄言だ」と反発して批判が繰り返されていた。また、何回も何回も同じような発言が繰り返され、そのたびにお詫びするということが繰り返されていたのです。そのような時期でした。

二一世紀になりますと、インターネットが広く普及します。インターネットを通して、韓国に関する多くの情報を、一般人が受信し、一般人が発信し始めました。この影響は大きかった。もう、韓国は一部の専門家と物好きの占有物ではなくなってしまったということなのです。

第二次嫌韓期に入ると、インターネットに封印されていた嫌韓が、一般のメディアにも登場するということが起こります。インターネットを使っているか、使っていないか、また、使っていても韓国についていろいろと調べているか調べていないかで、一般の人々の間にも、かなり情報のギャップが生じるようになりました。

レジュメの一ページ目に、「サッカー・アジアカップの準決勝で『イシマタラ』事件が起こる」という記述があると思います。すでにご存じの方もおられるかと思います。さして重要な事件ではありませんが、この事件をご存じかご存じでないかで、韓国に対してどの程度の関心を持っておられるかがわかるのです。

現在、世論調査で嫌韓の数値というのは、確実に捉えられています。内閣府が年末、または年始に必ず行う調査——大体、母集団は三〇〇〇人くらいなのですが、二〇〇〇人くらいから、いつも回答を得ています——「韓国に親しみを感じていますか?」「感じていませんか?」と尋ねる世論調査です。

その結果のグラフによると、「親しみを感じる」が実線。「親しみを感じない」が点線です。平成二三（二〇一二）年と二四年の間で「感じる」「感じない」が大きく逆転しているのです。これは、先ほど申し上げましたように、李明博大統領の竹島（独島）訪問と、天皇謝罪要求発言の結果なのです。これで「好き」「嫌い」が大逆転したということになります。実は、二〇一六年

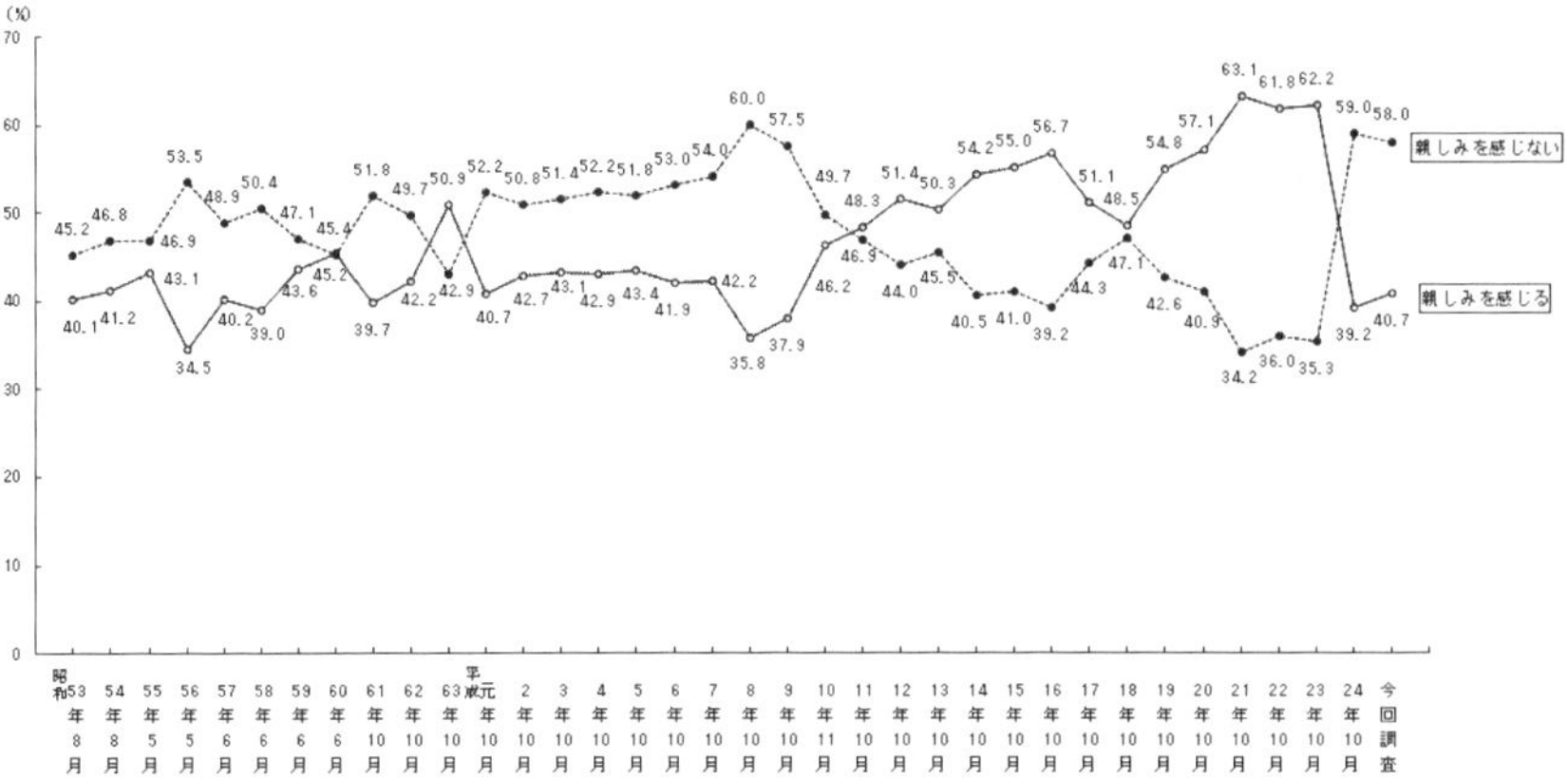

内閣府実施の「外交に関する世論調査」(平成25年10月調査)

三月一四日に韓国に親しみを感じるか、感じないかに関する調査の速報値が出まして、現在、「感じる」が三三%で、昨年から一・五%改善しました。「親しみを感じない」が六四・七%。「親しみを感じない」が少し減ったということですが、大勢はまだ変わっていないということです。ですから、いわゆる嫌韓の雰囲気というのは、二〇一二年の竹島訪問、天皇謝罪要求発言以来ずっと続いている傾向だと言えると思います。

なぜ、韓国をそんなに嫌うのかということについては、あまり調査がなされていないのです。ここで引用する内容は、週刊誌『SPA!』の調査なので、非常に信頼性には疑問がありますし、母集団が三〇〇人と小さ過ぎるので、やや問題があります。普通、社会調査というものは、こんなに小さい母集団では決定的なことは言えません。そうした点を差し引いて考える必要はあります。

実は、韓国人は、日本人が韓国を嫌う主な理由を領土問題のためだろうと思っているのですが、違います。領土問題の影響はそれほど大きくないと思います。それよりも国民性が何となく合わないよ、という回答が最も多い。それから、韓国人が反日だからという回答も多いです。ただ、この反日という言葉を使うのは、かなり慎重じゃないといけないと私は思うのです。

　反日の定義は何かというと、人によって違うのです。個々人によっても違うのです。韓国に対してどのような姿勢を取っているかによって、韓国人が同じことを言っても、「あ、こいつ反日だ」とか言い出す日本人がいるかと思うと、「それは一理ある発言だ」と言う日本人もいるのです。ですから、非常に曖昧な概念なのです。韓国が大嫌いな人は、何でもかんでも「反日だ」と感じられます。そうではない人は、「これは一理ある発言だ」と感じることが多い。この個人差には気をつけなければなりません。でもまあ、日本人が韓国人に反発を感じている理由の一つが「反日的だ」ということは事実でしょう。

　領土問題はそれほど大きな比率を占めていません。あとは、個人的な経験とか、韓流への反発です。韓国人は、「韓流が入り過ぎて、日本人が嫉妬しているのだろう」と、よく言うのですけども、調査結果

国民性（スポーツの国際試合で不正を省みず勝利にこだわる態度など）が嫌い	35.2%
反日だから	32.1%
領土問題	13.0%
韓国利権が日本を侵食しようとしているから	10.4%
個人的に韓国人と接した経験から	6.2%
韓流ブームへの反発	2.6%
その他	0.5%

韓国を嫌う理由（週刊『SPA！』2013年12月18日号より）

を見る限り、これは当たらないと思います。

韓国では、「経済的に韓国が発展し過ぎて、日本が脅威を感じているのだろう」ということもよく言われます。けれども、日本の家電メーカーとか半導体、自動車、鉄鋼業界と、韓国の同様の業界がかぶり始めて競合関係になり、日本が敗れていったという時期は、二〇〇〇年代から始まっているのです。ですから、折れ線グラフで見ますように、そのことはあまり関係がない、ということは言えると思います。

なぜこのように逆転したのかというと、やはり李明博大統領の言動、特に天皇謝罪要求発言だと判断するしかないのです。この状況をどうすることができるかというと、基本的にどうすることもできません。どういうことかというと、朴裕河先生が『和解のために』で書かれた四大問題。ここでも何度も登場しておりますけれども、靖国、慰安婦、歴史教科書、それから領土問題。これらの問題は両国の首脳ですら、どうしようもないのです。それを一個人がどうにかすることできますか。できません。では、まず、われわれ個々人がやれることは何だろうということを考えるべきなのです。

根拠のない言説が日韓間に流布している

先ほども申し上げましたように、日韓間では、根拠のない変な言説がたくさん流布されております。一つ、二つ例を挙げますと、「くだらない」の「くだら」は「百済」を意味している、という言説があります。「百済のものじゃない」ものは「くだらない」ものだから、「つまらない」という意味で使われている、ということなのだそうです。この中にも聞いたことがある方もおられるかと存じます。結構な知識人も、この言説を信じている場合があります。常識的に考えて、そんなこと、あるわけがないじゃないですか。大体、「くだらない」という言葉自体、百済があった時代の日本にありましたか。その時代なら、「百済のものにあらず」とならなければならないはずです。「くだらない」という言葉が使われだしたのは明治時代からです。それまでは「くだらぬ」だったのです。

それから、お祭りの掛け声の「わっしょい」は韓国語の「ワッソ（来た）」から由来した、という説。そんなことがあるわけがありません。韓国語の「ワッソ」という言葉が使われだしたのは二〇世紀になってからです。いつからお祭りで「わっしょい」という掛け声をかけるようになったのかは知りませんけれども、「ワッソ」が「わっしょい」になったという根拠はどこにもありません。

それから、日本語の「はな（端）」。「はな（端）から」は韓国の「ハナ（「ひとつ」の意味）」から由来したという言説があります。それを裏付ける根拠も皆無です。単に音が同じだけです。

それから、「バカチョンカメラ」の「チョン」は「朝鮮人」の蔑称であるという説。これもよく語られています。「チョン」というのは、「ちょん切る」とか「ちょんの間」とか、例が卑近ですみませんけれども、そういう「はしきれの」とか「端切れの」とかいう意味なのです。「隅っこの方の」ということなので、そのような半端者でも使える、というような意味で使われているのです。朝鮮人とは関係がありません。ただし、朝鮮人、韓国人を「チョン」と呼んで差別しているという人がいるのは事実です。当たり前のことですが、これは良くないことです。

それから、九州でのご当地ネタですけれども、熊本の藤崎八旛宮の秋季例大祭で唱えられる「ボシタ」という言葉は、「朝鮮を滅ぼした」という意味であるという言説が語られています。これは日本人が言い出したものです。もともと、皆で「ボシタ、ボシタ」と言って馬を追っていたのですけれど、それは朝鮮を滅ぼしたという意味だ、と日本人が戦前に誇らしげに言い出したのです。それが、戦後になって糾弾されて、今は「ドーカイ、ドーカイ」という掛け声に変わっております。でも、変える必要はないと思うのです。もともと、「ボシタ＝朝鮮滅ぼした」説自体がうそなのですから。

それから、『五木の子守唄』の「おどま盆ぎり盆ぎり」は韓国民謡『アリラン』から由来したという説。その根拠が『五木の子守唄』が三拍子だということだそうです。普通、日本の子守歌や民謡には三拍子がないのだそうです。だからと言って、どうして、それがすぐ韓国起源だ、という話になるのかわからない。それから、『五木の子守唄』に「かんじん」という言葉が出てきますよね。これが「かんじん」が韓国人のことなのだということだそうです。もちろん、これも根拠はまったくありません。

今、お話ししたような言説を聞かれて笑っておられますけれど、ネット上では広く知られている話です。ネットどころではなくて、お名前のある方がさももっともらしく語っておられる事例もあります。その中には日本人が言い出した日本由来のものも多いです。

これから述べるのは、ネット上で広く流布されている謬論の例です。まず、「日本列島は沈没する」。これは韓国で広く流布されている言説です。では、実際のところ、いつか日本列島は沈没するのか、というと沈没しません。どうして沈没しないのかについては、拙著『笑日韓論』をお読みください。

次に「日本の着物と帯は、布団と枕である」。これも韓国で広く流布されている謬説です。着物の帯は道に敷いて性行為をするためのものだ、いうのです。皆さんは苦笑されていますが、苦笑したところで、相手が納得するものではないのです。きちんと論理立てて、帯の歴史から、ひもといて、語らなければならないのです。

次に「韓国人の陰茎の長さは九センチである」。これは日本で広く流布されている言説です。笑っておられますけれども、これは韓国人を貶める言説として、ネットの上で広く拡散しています。また、「韓国人は、トンスル（糞酒、人糞を混入させた酒）という酒を飲む」。こうした言説も韓国人を貶める目的で使われているのです。前近代の朝鮮で「トンスル（糞酒）」のようなものが、一部で漢方薬として使われていたのは事実です。けれども、今そんな酒を飲む人いませんし、飲んだとしてもおいしくないと思います。

これは朴裕河先生が何回もおっしゃっていましたけれども、半分は真実だけども半分は真実ではない、という事例です。「トンスル（糞酒）」のようなものが存在したことはしたけれども、一部の話であって、普遍化できるような現象ではありません。でも、なぜか、韓国に否定的な人はそのような言説を、疑いを持たずに信じるのです。また、この言説はヘイトスピーチでも使われています。だからこそ、きちんと否定しなければ駄目なのです。笑い事ではないのです。

次に「美空ひばりの父親は韓国人である」という説です。父親は韓国人ではないです。栃木県出身の日本人です。次に「朝鮮時代の女性は、乳房を露出させて歩いていた」。これも広くネット上に流布されている言説ですが、朝鮮の女性のすべてが乳房を露出させて歩いていたわけではない。まったく、根拠のない話ではないけれども、明らかに誇張されています。

朝鮮で胸を露出させて歩いていた女性がいたことは事実です。朝鮮の服飾史を見ると、（チマチョゴリの）チョゴリ（上着）が短くなりだしたのは一八世紀からです。逆に、チマ（スカート）は長くなり始めるのです。乳房は誰でも露出させていたわけじゃなくて、まず上流階級の女性は、スゲチマといって顔すらも隠して歩いていた。顔も露出させなかったのです。胸を露出させて歩く風俗について書かれた文献を読むと、これはもう、庶民階級、言葉は悪いですけども下級階級の女性だったということがわかります。しかも、経産婦に限られています。要するに授乳するのに都合がよかった、ということです。

翻って言いますと、日本だって海女さんは胸を出していたのだし、炭鉱で働かれている女性も胸を露出させていました。また、日本にはまだ混浴も残っています。こういった固有の風俗までを、特定の民族を卑下するようなキーワードに使うべきではないでしょう。

では、これらの言説を誰が検証し、否定すべきなのでしょうか。これこそが問題です。これは先ほどの「トンスル」の余談なのですけども、韓国人がそうしたものを飲むというような言説をお聞きになっても、皆さん、苦笑されておしまいだと思うのです。

しかし、自分の身にふりかかってくると、そうとも言っていられないでしょう。実は、尾籠な話になって申し訳ありませんが、中国では、日本人が美少女の排せつ物を食うのだという話が流布されているらしいのです。この人糞料理を「金粒餐」というのです。中国の百科事典の『百度』で調べてみたところ、二〇〇四年ごろに、中国のネット利用者が、日本では人糞を高級食品の材料として使っているという言説をでっちあげ、人糞料理を「金粒餐」と名付け、写真まででっち上げて拡散させました。現在、ご覧になっているのは二〇〇九年のもので、その後もこの言説は少しずつ内容を変えて間歇的にネット上に登場しています。しかし、この言説は中国のネット民によって、きちっと批判されて、否定されているのです。このことは非常に重要ことです。中国のネット民の検証と批判がなければ、この説が広まってしまう可能性もあったわけです。実際、こういった言説は、きちんと批判しておかないと、特定民族を卑下する目的で用いられ、それがインターネットで相手に伝わって怒りを呼び起こし、さらなる反感につながるという負の連鎖を引き起こすのです。というか、既に引き起こしています。

個々人が冷静に検証をしていく

では、どうすれば良いのか。こうした言説をきちんと検証して否定するのは、専門家の役割だろうと、よく言われます。しかし、専門家にだって無理です。私だって、このような事象ばかり研究しているわけではありません。どちらかと言えば、こういうことはあまり研究したくないです。こうした言説をきちんと整理して否定するのが、専門家の端くれの役割だと思っているからこそ、少しは否定したのですけれども、インターネットをくまなく渉猟して、このようなな考えたくもないようなことについて文献を調べて、否定するということは、非常に大きな労力です。とても私ごときの力では及びません。

私にしても自分の研究をしたいですし、それ以前に学校のいろいろな業務が忙しくて、こんなことばかりやっているわけにはいきません。だけども、誰かが検証して否定しなければならない。

なぜかというと、こうした現象は単なる冗談、笑い話ではないからです。ある民族を貶めるために、意図的に流されている言説もあるからです。

ということで、誰がそれをしなければならないのかと言えば、皆さんです。一般の方々です。そうとしか考えられないではないですか。マスコミがやってくれますか、やらないです。それでは、政府がやりますか、やらないです。専門家がやりますか。やりたがらないです。ということで、一般の方々がやらなければならないということです。自分でやるのです。釈尊の言葉ですけれども、「己こそ己のよるべ、己をおきて、誰によるべぞ」ということなのです。ということで、「よく整えし己こそ洵得難きよるべ」。言い換えれば自分しか頼りにならないのです。

では、言説の検証をどのような手順でやるべきなのかという具体的な手順の問題について、述べさせていただきます。まず、日本人は、私もそうですけれども、韓国人が日本に対して言っている変なことばかり対象にする傾向があるのですが、それではいけないわけです。日本人が述べている言説は、日本人の耳で聞くと一理あるように見えるかもしれないですが、実はそうではないというものが随分あります。それも、検証の俎上に載せなければならないということです。それでこそ公平な検証になるわけです。

それから、資料を最大限渉猟して、客観的、それから妥当性のある結論を導き出さなければならないということです。これは、大変なことです。しかし、現在はインターネットのおかげで、ネット上に公開された論文も読めますし、文献も検索できますし、図書館に頼めば送ってもらえます。しかも、そのほとんどが日本語で書かれているわけです。こんなにリサーチ環境が整っているのに、「できない」「わからない」「難しい」は許されません。

次に、検証というものは韓国に対する好き嫌いというような嗜好とは関係ありません。そして、あたり前のことですが、韓国に肯定的な意見のすべてが正しいとも限らないし、韓国に否定的な意見がすべて誤っているとも言えないのです。その逆も同様です。いわゆる嫌韓派の主張がすべて正しいとは限らないし、親韓派の主張がすべて間違っているとも言えないのです。また、その逆も同様であります。好き嫌いとか、そういった原初的な感情、もっと言いますと何か目的を持って活動しようというような方向性にとらわれると、かえって判断や結論を誤ることも多いのです。そもそも、学究的な探求の場に「好き嫌い」や「日韓親善・友好」「嫌韓」の介入する余裕はありません。あってはなりません。当然の話なのですけども、その当然のことが今まで行われてこなかったのです。日本で韓国に何か少し肯定的な意見を言うと、「お前は韓国人（また「左翼」）だろう」とか言われ、韓国では日本に少し肯定的な意見を言うと、「お前は親日派だろう」とかいうことになってしまうわけです。それはおかしいわけです。

相手の言語で結果を発信する努力が必要

それから四番目ですけれども、検証結果は相手の言語を用いて、礼儀正しく冷静に発信しなければならないということです。現在でもブログやホームページで、日本語で意見を書いて発信しておられる方がたくさんおられます。しかし韓国人がそれを読むのかといったら、読まないです。ネットの検索にも引っ掛かりません。韓国のネット空間に韓国語で発信しなければ駄目なのです。アメリカ人に一生懸命何かを訴えたいときに、日本のネット空間に日本語で書きますか。書かないでしょう。それと同じことです。

もちろん、韓国に、日本語ができる人はたくさんいますけども、長い文章をきちんと読解できる人はあまりいません。ですから韓国語で書きましょう。それは無理だとおっしゃられる方がいますが、三〜四万円出せば、十分使える翻訳ソフトが買えます（ネット上の無料翻訳サイトや翻訳アプリはあまり使い物になりません）。それでも駄目なら、韓国語教室に通ってください。それが駄目だったら韓国人に翻訳を頼むとか、いくらでも方法はあるわけです。韓国語学習環境は以前に比べて劇的に改善されているのに、韓国語で発信できません、というのは、あり得ない話です。言語学習は、趣味や楽しみのため、例えば韓流スターにファンレターを書いたり、海外旅行のためだけにするものではないのです。自分の所信や意見を発信する、または自分自身の利益を図るという目的でやるのが、本来の目的であるわけです。

韓国人の言っていることが理解できず、自分の主張も韓国語で発信できなければ、意思の疎通自体が不可能です。韓国語を勉強されている方も多いと思いますけれども、そういった目的で言語を学ぶこともできるということを、少し知っていただきたいと思います。

また、自分の主張を発信するにしても、冷静に礼儀を持って発信しなければなりません。インターネットは何でも言いたい放題の空間ですから、相手を貶める、傷つける言葉が氾濫しています。もし、自分の主張に、根拠があって、客観性・妥当性を備えていたとしても、酷い言葉で語られたのでは説得力はありません。

もちろん冷静に礼儀を持って発信したからといって、すべての韓国人が全部納得してくれるわけでもないですし、当然反論も出てきます。しかし、そういった過程を通して、一歩一歩「真実」に近づいていけるわけです。

日韓関係の主人公は一般市民だ

私は日本人の立場でずっと語っているので、韓国人は聞いて、言いたいことはたくさんあると思います。韓国人の反日の原因を提供したのは日本人ではないのかという反論はあると思うのです。それは甘んじて受けないといけないと思います。ですけど、反日の原因を提供したネタというものも、その検証は俎上に載せなければならないというのも、やはり同様に訴えたいと思うのです。
今まではそうしたことは一切考えず、単に「日韓友好」「日韓親善」と叫んでいれば万事うまくいく、と漠然と考えられてきたのです。現在でも、まだそうした旧態依然とした考えから脱していない傾向もみられます。最後に、一つ、深刻な事例を紹介したいと思います。

これは、日韓交流を表看板に掲げる某公益団体の機関紙であります。そこに韓日文化交流会議座長なる方がエッセーを書いておられるのですけれども、ここでは、この方を糾弾するのが目的ではありませんからお名前は伏せます。どんなことが書いてあるのかというと、韓国語の「モシッタ（粋だ、風流だ、格好いい）」の「モッ（粋、風流）」が日本語の「もし」になって、それに「お」がついて「おもしろい」という形容詞になったというのです。これがまったくのデタラメです。

中期韓国語——朝鮮時代前期、高麗時代まで入りますが——には「モッ」という語形は現れません。「マッ」（味の意）が母音交替により「モッ」となって、それが「粋」とか「風雅」になったというのが通説です。一方の「おもしろい」は奈良時代に現れるのです。「おもしろし」ですけども。時代的に順序が逆です。ですから「モッ」が「おもしろい」になるはずがありません。

これがネット上の風説だったら見逃しておくのですけども、私も韓国語が専門なものですから、述べさせていただきました。このエッセーを書いたのは大学の先生です。ネット上だけでなく、権威ありげな方が書いた刊行物にも大嘘が潜んでいるということは、十分気をつけなければなりません。孟子の言葉ですけれども、「尽く書を信ずれば則ち書無きに如かず」。本に書いてあることを全部信じてしまえば、本がないと同じだよということなのです。

もう一つ、これはよく知られている例ですけども、日本海海戦の際に、日本海軍の将兵が李舜《イスン》臣《シン》――文禄・慶長の役の海戦で、日本軍を打ち破ったとされる伝説の将軍――に戦勝を祈ったという話があります。私は韓国でこの話を何度も聞きました。多分、この話を知っている韓国人は多いと思います。この話の来歴を調べましたところ、驚くことに司馬遼太郎だったのです。実は、司馬遼太郎の作品は韓国で人気がありまして、この話の出所は『坂の上の雲』です。もちろん、韓国では『坂の上の雲』の翻訳版が出ています。この『坂の上の雲』の中に、「日本の水雷艇の艇長の水野広徳が李舜臣の霊に祈った」という記述があります。

この記述のネタ元は川田功の『砲弾を潜りて』という別の本ですが、そこには将兵が李舜臣の霊に戦勝を祈ったという話は出てきません。ある重傷を負った水兵が「舜臣」と叫ぶ場面があるだけです。司馬遼太郎先生はこの本をいい加減に読んで、水野広徳の著作と勘違いし、さらに小説にまで書いてしまったのです。それが韓国語に翻訳されて韓国まで伝わり、韓国人に誤った知識を植え付けるという結果になった。私がここで言いたいのは、大学の先生の言説でも、司馬遼太郎先生の言説でも、一度は疑ってかからなければならないということです。実はこういった話は日韓間にはいくらでも転がっていて、枚挙にいとまがないほどです。

ちょっと気をつけていただきたいのですけども、今日の私の話も一〇〇%信じてはいけません。私も人間ですから、とんでもない勘違いをすることもありますし、そうなればいつでも批判の対象になるわけです。しかし、それでこそ、忌憚のない批判と討論ができるわけです。個人が「日韓友好」なるもののために、何かできるとすれば、それしかないのではないでしょうか。

最後に、結論をもう一度述べさせていただきたいと思います。現在、日韓関係はあまり良くありません。日本と韓国の間には四大問題を含め、さまざまな対立があるからです。またその対立をめぐってあやふやな言説がたくさん漂っていまして、これがまた問題の解決を難しくしています。政治家・外交官の駆け引きや専門家の提言、スポーツの国際大会や文化交流などでも、この現状を大きく変えることはできません。なぜかというと、日韓関係の主人公は、すでに政治家や外交官、専門家や文化人、物好きではないからです。一般の人々になってしまったからです。

それでは、どうすればいいのか。個人にできることは限られていますが、日韓の一般の人々が、日韓間で語られる言説を、真摯に、客観的に、徹底的に検証すべきです。そして、その結果を相手が理解できるように、礼節を持って発信しなければなりません。これが、私の結論です。ありがとうございました。

「日韓メモリーウォーズ」パネルディスカッション

私たちは何を忘れてきたか

【コーディネーター：上野千鶴子　パネラー：朴《パク》裕《ユ》河《ハ》／金《キム》成《ソン》玟《ミン》／水野俊平】

朴裕河氏よる感想から

司会：金成玟さんと水野俊平さんの発表に対して、朴裕河さんからコメントをいただいた後、上野千鶴子さんをコーディネーターとして討議を行っていただきます。

朴裕河：金成玟さんと水野俊平さんの発表についてのコメントですが、先ず、金成玟さんの話についてです。私も知らなかったことがあって、面白く伺いました。私も帝国が崩壊した後に、それまでのことが忘れられてきたということをお話ししました。ある意味で、起源の忘却――いま起こっていることがなぜそうなのか、つまり、どこから、どうして起こったのかと考えること自体をあまりしてこなかった――に繋がるようなことだったかと考えました。

つまり、日本文化について、あるいは日本という名前を含むさまざまな事柄に対して反発しつつ、しかし、それをしっかりと受け止めてきたという、その矛盾の指摘が私には一番面白かったです。その矛盾をこれからどのように見ていくのかということが、とても重要だろうと思います。とても大切な指摘であると同時に、例えば歌謡曲の場合、韓国のメロディー、演歌（いわゆるトロット）は、むしろ韓国に住んでいた日本人が作り出したというお話もあります。ですから、むしろ逆のこと、つまり解放前に存在したこと自体が忘れられていた結果、というふうにも言えるのではないかという気がしました。

いずれにしても、全体として、現代において日本大衆文化開放が、九八年に始まったことを思い出しましたけれども、水野さんの話では、同時にその底辺では既に九〇年代から「嫌韓」という言葉が出てきていて、実際潜伏して二〇〇〇年代以降に現れてきたということでした。まさに私もそこに共感しました。「新しい歴史教科書をつくる会」という組織ができたのが一九九六年です。九七年はアジア女性基金が韓国に償い金の支給を始め、同時に批判が起こった年であり、表に見えてきたことは文化開放と、とてもいい関係になるかのような状況でありながら、同時に政治の空間では葛藤が本格化し始めたことが、お二人の話からもう一度見えてきたように思います。

面白かったのは、倭色抑圧という言葉で説明されましたが、「低俗な日本文化」ということが大衆文化開放の遅れた原因でもあって、特に九〇年代以降のことを私は覚えているのですが、いつどういうふうに文化開放をするのかという社会的な議論が長年続いていたのです。そこで反対する人たちは、「猥褻的で暴力的で」というイメージが、反対の一番の理由だったのです。日本ほど暴力的な映画はないとかいうことが、当時盛んに言われていました。そういう時代がありましたけれども、その一〇年後には、日本以上に暴力的な映画が韓国でも作られるようになっていました。

そういったことを考えますと、同時代の空間が共有している文法があって、その文化自体がどうこうということよりも、時代認識に合わないがための否定だったのではと思いました。さらに、冷戦体制から論じてくださったのも面白くて、米軍の前で歌っている日本の女性や韓国の女性の写真を見て、そういえばマリリン・モンローも韓国戦争（朝鮮戦争）のときに、韓国に慰問に来ている写真などもあったことを思いだしました。

上野先生もおっしゃったように、この東アジアの葛藤を考えるときにアメリカの役割を考えるということがあまりやられてこなかった——やられてこなかったというのは、まさに冷戦体制の中にいたからです――けれども、靖国は若干違うのですが、慰安婦問題や領土問題も、アメリカの関わりがない問題はないとも言えるのです。

特に竹島領土問題では、最初は韓国の領土にしていたのをあとから日本の領土にした過程があった。それは韓国で戦争が起こって、アメリカが守るべき境界線を日本と韓半島の間に設定した、ということがあってのことですが、それはある意味で北朝鮮のみならず韓国までを、冷戦体制の向こう側へおいておくことでもあった。（詳しくは、「冷戦と「独島（竹島）体制」」参照、『atプラス14号』、二〇一二/一一）

ですから、竹島を韓国所有にしておくというアメリカの意思があったことは韓国にとっていいことなのかどうかは、難しい問題です。いずれにしても、そういった起源――誰がどのような影響力を持っていて、こうしたことを決めたのか――が忘れられたまま、私たちは葛藤の中にいるということを考えるべきだ、と金さんの話を聞きながらあらためて思ったのです。

最後に、グローバリゼーションは二〇〇〇年代以降とおっしゃっていたのですが、これには少し違う考えをもっています。むしろ冷戦体制崩壊後、九〇年代以降に世界中で移動が活発になって、これまでの体制とは異なるような移動のあり方があって、それまで冷戦体制のため表面化しなかった葛藤がさまざまな形で起こるからです。

つまり、グローバリゼーションに対抗するかのような、しかしその実は過去の帝国時代の遺産としてのナショナリズムが世界中で起こるのがこの時期です。九〇年代にできた新生国の多くは元植民地で、そこで起こっていた内戦の多くは、まさに植民地時代に抱えていた内部分裂の問題が噴出してのものであることが多いです。世界的にナショナリズムが起こった時期にあった内戦が植民地主義の遺産としての葛藤と無関係でないことも、お話を伺いながら思い起こしていました。

水野さんのお話ですが、ご指摘を面白く伺いました。やはり、さまざまな言説の中に私たちは置かれていて、それを検証することは大切だと思います。それぞれの人が、それぞれの場でできることをやっていくというご指摘、その通りだと思いました。ただ、どうしてそういうことが起こるのかということを一度考えたいと思います。何か、ある言葉で表現してしまう、あるいは「日本人はこうだ」とか「韓国人はこうだ」というふうに言ってしまうことによって、知ったつもりになることもあるからです。

人間は知らない対象に対して、恐怖を感じたり、警戒心を持ったり、落ち着かない感情を抱いたりします。未知の対象に対して名づける行為というのは、知ったつもりになる、知ったつもりになってさらにもう一歩踏み込んで差別したり支配したりする構造があるからこそ起こるもので、知の独占の過程でもあります。つまり知ったつもりでいて対象を知らないでいる、名称だけあたえて中身を見ようとしない、一種の知的怠慢の状況を、いま一度皆で考えたいものです。

なぜ日韓関係は急激に冷え込んだのか

上野千鶴子コーディネーター：お待たせいたしました。本日は、本当に強力なスピーカーが三人そろいまして、聴衆の方からも盛りだくさんの質問が集まりました。とても二時間で手に負えるとは思えませんが、できるだけ核心に触れる議論をしたいと思います。質問の中には例えば、「朝鮮の女子教育に半生を賭けた日本人女性、淵沢能恵さんという方がいらっしゃるが、この方は、後に、帝国の先兵と評価されて足跡が消えてしまった。こういう人の評価はどうなっているのか」というのをはじめ非常に具体的なご質問がありますが、今日のテーマと直接関係ない質問については、多くの研究もありますから、ご自身で調べてください。それで、個別の質問よりも、核心的な問いをここではお互いに問いたいと考えています。

最初に金成玟さんと水野俊平さんお二人の話を聞いて問いたいことがあります。先ず第一に、三人の方にお聞きしたいのは、日韓蜜月時代というのはあったようだが、それがなぜこんなに冷え込んだのかという問いをめぐって議論したいと思います。

第二に、どうしてこうなったのかという背景には長い歴史があるのですが、その中で、きょうの論者の中で比較的焦点が絞れるのは、一つは政治と文化の関係です。それともう一つは、私たち民衆とメディアの関係です。そのメディアの中でも、インターネットメディアが、非常に大きな役割を果たすようになってきたということが二つ目の問いです。

三つ目に、いま戦後生まれの日本人は五人に四人に達しています。戦後生まれをいまさら若者とは呼べませんけども、特に「ネトウヨ」という、ネットを駆使する世代から下の若者の間の歴史認識のギャップをどう考えるか。それを通じて、日韓のあいだに未来志向型の関係をどのように作っていくかということを語りたい、と考えています。

最後には、時間が許せば、アメリカとの関係をどう考えていくか。その中で、四大問題に、日韓がどう直面するかを考えてみたい。一部の人たちの間に、どうして東アジアではヨーロッパ共同体EUのような東アジア共同体がつくれないのか、という疑問が続いてきました。EUをつくった目的は、何といってもアメリカのイニシアチブを国際的に弱めるためでした。冷戦体制が崩壊した後、大変困ったことにアメリカ一極体制になってしまいました。このアメリカ一極体制をできるだけ多極化するための努力を各国がやってきたはずなのです。いまEUも問題をたくさん抱え込んでいますけれど、それでもそのような動きがヨーロッパで可能だったのが、なぜ東アジアでは可能ではないのかというところまで、もし踏み込めたら踏み込みたいと思います。

最初に、お三方に共通してお聞きしたい問いがあります。日韓蜜月時代というのは、あるとしたら、一体いつだったのか。本当にそれはあったのか、もしかしたら、それは蜜月に見えたけれども幻想だったのではないか、ということをお聞きしたいと思います。

水野さんの報告には、韓国に親しみを感じる人たちのデータが示されていました。確かにそれが高止まりしている時期というのがあります。データで見ればちゃんと日本の民衆が韓国に親近感を持っていた時代があったのだとはっきり分かるので、日韓蜜月時代は幻想ではなかったと思うのですが、それがその後、激減します。その結果、「蜜月はいつだったか？」「どうしてそれが可能だったか？」という問いと、「何故それがこんなに簡単にあっという間に冷え込んだのか？」という、二つの問いがセットになります。それについてのお答えを最初にお聞かせいただきたいのです。

こんなに冷え込んだのは、水野説によると、慰安婦も問題だが李明博大統領の天皇謝罪要求が日本人の逆鱗《げきりん》に触れたということのようですね。李大統領は、政権の最末期に妄動したことになっておりますが、その李大統領の「妄動」だけで、それ以降、今日に至るまでの日韓関係の冷え込みを説明することができるでしょうか。そのキーワードとして、今回私も当初予想していなかった「天皇制」が出てきました。もしかしたら、これが最大のタブー、日本に対しては決して踏んではならない地雷だったのかもしれません。

その日韓の認知ギャップから、韓国側が地雷を踏んでしまったという説明が正しければ、いまや五人に四人が戦後生まれの日本人にとって、天皇制とはそんなにハートの琴線に触れるような重要なことがらで、触れられたら途端にハリネズミになってしまうようなものだったのでしょうか、本当にそうなのか、という疑問も生まれます。もしかしたら、天皇制は語ることさえできないくらい根の深い問題であって、私たち日本人が、いまだにそれから自由になっていないということなのでしょうか、それとももう少し違った背景要因があるのでしょうか。日韓関係の冷え込みの要因に、天皇制というような私がまったく予想しなかった変数が出てきました。これも、こういうパネル討論の面白いところですね。

この抱き合わせになった二つの問いについて、お三方、それぞれのご意見を聞かせていただければうれしいです。一番刺激的な答えをなさった水野さんから始めましょうか。水野さん、それから金さん、朴さんの順番で、お答えいただければありがたいです。

日韓蜜月時代から嫌韓への移行

水野俊平：ご指摘ありがとうございました。まず、蜜月時代がいつだったのかということですが、私が韓国にいたのが一九九〇年から二〇〇六年まで一六年間でした。その間の雰囲気は、自分の肌で感じ、いろいろな文献を通して知っているつもりです。私の感覚ですと、蜜月というものがあったとすれば、金大中大統領の時代（一九九八年～二〇〇三年）じゃないかと思うのです。これは、あまり語られていないのですが、一九九八年一一月に日韓漁業交渉が妥結しました。それと前後して、日本文化開放があったのです（一九九八年一〇月）。ここまで日本に融和的な時代というのは、あまりなかったのです。

同時に、その頃韓国は経済危機に陥っており、若干意気消沈していた時代だった。この時代が、蜜月時代と言えるかどうか分からないですけれど、日本にとってはかなり融和的な時代だったのだろうと、私は見ています。

日本文化開放も、かなり前から議論されていたのです。「開放」というよりも、「追認」でしょうか。実は、日本の大衆文化は「開放」のずっと前から入っていたのです。金成玟先生がおっしゃられたように、海賊版などで、『マジンガーZ』とか『ガンダム』を知らない世代はいないと思うのです。日本の大衆文化は入っていたのですが、それを公式的に認めるか認めないかという問題が残っていたわけです。それが一九九八年から九九年にかけて、相次いで、漫画と映画を皮切りに公開されたのです。これは本当に大きな出来事でした。それがかなりの効果を得て、一時期は本当に日本文化がトレンドになった時代があったのです。

時を同じくして進んでいたのが、ＦＩＦＡワールドカップの日韓共催でした。それから、これもやはり時を同じくして進んでいたのが、「新しい歴史教科書をつくる会」による歴史教科書編纂です。この組織は一九九六年に結成され、二〇〇一年五月に「つくる会」の教科書が検定を通過しています。そのあたりから雰囲気がだんだん険悪になりつつあったと思います。

よく日本では、二〇〇二年のワールドカップ共催あたりが日韓友好の最頂点ではないかと言われるのですが、私が感じた限りでは、そのような雰囲気は微塵もありませんでした。日本と共催になったことを残念がっている人が大部分だったと思います。この大会で日本は予選を突破したけれど、トルコに負けましたよね。一方、韓国はベスト4まで残りました。「日本に勝った」と思った人が多かったということです。ですから、ワールドカップ共催は「日韓友好」につながるものではありませんでした。日本を応援していた韓国人は私の知る限り誰もいませんでした。むしろ、日本が負けて喜んでいた人が大部分だったと思います。これを誰も指摘しないのが不思議なくらいです。

しかし、このような事実を指摘しないと一歩も前に進めないと思うのです。こういうことを語ると、「お前は日韓の関係の悪化を望んでいるのか」と、とんでもない悪罵《あくば》が飛んでくるのですが、事実は事実なのですから。誰が日韓関係の悪化などを望みますか。私だって、日韓の関係の悪化などを望んでいないのですが、事実は事実なのです。事実を直視しないところに、何の発展もあり得ません。事実、その後の日韓関係は悪化の一路でした。

その一つのきっかけが、先ほど朴裕河先生もおっしゃっていましたように、二〇〇五年に浮上した「竹島（独島）問題」です。その頃、韓国で竹島（独島）の切手を発行する問題や、日本の大使がソウルで、「竹島は厳然たる日本の領土だ」と言ったというような事案がありまして、それを火種として大きく盛り上がりました。

その時点から悪化の一途をたどって現在に至っているのではないかと思います。なぜ、これがいままで日本で公に語られにくかったかというと、まだその時期は、「嫌韓」はネット空間に封印されていたからです。『マンガ嫌韓流』の作者、山野車輪さんが述べるところによると、当時（二〇〇五年）、自分の本をどこからも出版してくれなかったのだそうです。結局、「晋遊舎」で出版されたのですが、このこと自体、かなりの衝撃をもって受け止められていたのです。ですから、まだこのときには嫌韓はネット空間に封印されていたのです。日本では徐々にそれが表の社会に出ていって、韓国の反日と呼応するようになったのです。「嫌韓」の防波堤が切れたのが、李明博大統領の天皇謝罪要求発言だったと思います。世論調査のグラフで見ますように、李明博大統領の竹島（独島）上陸はあまり関係ないと思います。

個人的な観点から述べさせていただきますと、植民地支配には謝罪すべきだと私は思っています。そういう観点から、実際に歴代の首相、それから昭和天皇、今上天皇に至るまで謝罪をしているわけです。これは、朴裕河先生もおっしゃっているとおりです。一三〇年以上もアルジェリアを支配しながら一回も謝罪しなかったフランスよりはいいと思います。その謝罪が韓国の人が満足できる水準ではないかもしれないですが、「謝罪した」こと自体は事実です。そういった観点から見て、謝罪はすべきだし、してきたと思っております。

李明博大統領は「天皇に謝罪を求める」という発言を行い、それが実際にどのような内容だったのかは、公式的に明らかになっているものとネット空間に流れているものは、かなり違いますけれど、これが日本人を刺激したのではないかと私は思っています。その当時、女性雑誌――『女性自身』とか『女性セブン』です――は、独自に韓流情報と皇室情報を並べて載せていたのです。ところが、李明博大統領の発言をきっかけに韓流の記事を掲載しなくなりました。これには驚きました。まさかこの発言がこんなに影響を与えるとは思ってもみなかった。

実際に世論調査の数値から見ると、影響を与えていますよね。「韓国に親しみを感じる」と「感じない」が完全に逆転したわけですから。これは日本人の中に、まだ「千代田区千代田一丁目の御一家」に対するタブーというものが厳然としてあるためです。このことを韓国人はまったく理解していませんし、予想もしていなかったと思います。むしろ、竹島（独島）に上陸したこと自体がかなり影響を与えたのだと思っていたようですが、実はそうではなかったと私は思っています。日本人の中にも、まだ自主規制というか、触れてはいけないようなタブーだと思っている部分があった。そこを「天皇謝罪発言」は刺激したのではないかと思います。

上野：異文化摩擦というのは、他者についての知識のみならず、自己についての知をもたらすので、いまの水野説によると、私たちは見えない天皇制の支配下にあって、今でも「一木一草天皇制」の下にあるように思えます。天皇については語ることさえ許されないという、深いタブーの下にあるというように聞こえますが、それが今日まで続いているとお考えですか。

水野：ご当地ですけれども、長崎市長さんが狙撃された事件がありましたね。そういった暴力が許されるべきではないというのは、当然のことですけれども。「公式的に天皇の戦争責任を問う」ということについて、「日本ではタブーがまったくない」ということは、誰も言えないと思います。

上野：お互い、踏んではいけない地雷があって、それが日本にとっては天皇制だということでしょうか。今回のシンポでの画期的なご発言だと思います。

水野：これまでの経緯を見ると、そうとしか言いようがないです。

グローバルシステム上での文化混交時代へ

上野：分かりました。やはり、そこが研究者でいらっしゃるから、データをもとにエビデンスベースドでお話しになると大変説得力があると思いました。金さん、いかがでしょうか。

金成玟：韓国、政治的な共同体としての韓国というのは、皆さんが毎回大統領選挙などでお分かりになると思うのですが、勝っても五一％なのです。五一対四九でほとんど決まる。この韓国社会をどういうふうに一つとして見るのか、というのが実はとても難しい問題です。

さらに、それを日韓の側面から見ていくというのは、本当に複雑な構図なのです。本日の朴先生のコメントにもありましたし、先ほどの水野先生のコメントにもあったと思うのですが、九八年の日本の大衆文化開放というのは、報告書や政府の資料などを見る限り、九四年の金泳三政権時点で既にほぼ決まっているのです。ある意味、プロセスは九四年の段階でほとんど見えている。結果的には政治的な判断によるわけなのです。

結構日本のテレビで、日本に友好的だというふうに報道されている今の韓国の与党は、結果的には一度も日本の大衆文化を開放したことがありません。九八年から二〇〇四年にわたり、第四回までにわたる開放があったのですけれど、四回とも金大中さんと盧武鉉さんによる開放でした。親日派と言われている今の与党には、植民地協力者という政治的な、根本的な問題がある。ある意味、韓国の保守勢力には、その問題が常に伴っているのです。「日本大衆文化開放」のような、これまでの仕組みとは一線を引くような判断ができないわけなのです。その上で、日韓をどう見るかというのは、実は、日本からまったく見えないところが、韓国側にはあると思っています。

上野先生のご質問に戻って、それを朴先生のグローバル化についてのご指摘と重ねてお話しすると、僕が説明不足だったと思うのですけども、僕も九〇年代から韓国はグローバル化の中に編入されたというふうに判断しており、本にもそのように書いています。そのグローバル化における段階というのがあるわけなのです。インドの文化人類学者アルジュン・アパデュライが言っているようないろいろなスケープが出てきて、それが重層化していくというのが九〇年代だとすると、九七年のアジア金融危機の前後のインターネットの普及というのは、韓国もシステム的にグローバル化されたという、それまでのグローバル化とまた少し違う次の段階の経験をさせたという意味です。先ほどは少し飛ばして二段階目の話をしてしまったのですけども。

二〇〇〇年代以降の、ある意味で最悪な状態と言われている状況をどう捉えるかということです。僕の判断で言うと、実はもう、グローバル化に編入している日本と韓国というのは、その九〇年代の後半以降のいろいろな文化の混交とか、システムの市場の共有などからもう抜け出せなくなっていると思っています。それは、韓流ブームがいつまであって、売上がどこまで上がって、どこまで落ちたかというところ、あるいはメディアは政治的な状況のなかでどのように自粛しているのかというところではもう捉えきれない。グローバル化の次元における日韓のいろんな文化的な混交というのは、いまも起きていますし、今後も起きていきます。それをどのように捉えるかという問題だと思うのです。文化交流が活発化しても政治は動かないので、まったく文化は政治と関係ないのだ、と言ってしまえばそれまでですが。

僕の観点からすると、日韓はグローバルなシステムのうえでの文化的混交が活発化する段階にもう入っているのだと。それを否定することは多分できなくて、せいぜい、テレビ局が自粛して韓国ドラマを日本に出さなかったり、音楽CDを買わなかったりするくらいです。韓国でも、依然地上波放送で、日本のドラマとかを放映しないようにするくらいなのです。

いまのメディアを、皆さん見てください。地上波はメディアの世界ではなくなっていくわけです。誰もＮＨＫのニュースだけを信じたり、月曜九時のドラマだけを見たりする時代ではなくなっています。Ｎｅｔｆｌｉｘの時代ですし、ＹｏｕＴｕｂｅの時代です。自らニュースを生産したり、流通させたり、消費する時代の中で、日韓のそういう数字、いくつかの数字で日韓関係を判断できるかということについて、僕は疑問を持っているのです。

それは、既にこれまで私たちが見てきた日韓関係の在り方そのものを変化させていると思います。こうなると、日韓関係が良いとああなるとか、悪いとこうなるというふうな、これまでの判断そのものを疑わなければならない時代であるということなのです。

ですから、なぜヨーロッパみたいにならないかというのは、日本も韓国も、小さいころからの教育などを見たら分かるのですが、一国的な視点、マジョリティー的な視点です。本当は、さまざまな声を、さまざまな態度を、さまざまな眼差しを沈黙させるような社会的な雰囲気というのを、常に日韓共に持っていると思っていまして、その点については常に良くないと思っています。

上野：あまり先まで行かないでください（笑）。

金：ちょっと走り過ぎました。

上野：いまのご発言をまとめると、水野さんとは逆に、実は蜜月時代というほどのものもなかったが、逆に冷え込んだとも言えない。つまり、大衆レベルで見ると、日韓の文化混交は、すでにいやも応もなく進行しており、例えば水野さんのご指摘のような事実――女性誌が韓流報道を自粛するなど——が起きたからといって、実際周りで見ている限りでは、韓流の文化消費が冷え込んだということは一向になく、逆にK－POPを含めて韓流の文化消費そのものは着実に拡大していた、というのが金さんのデータでしたね。

金：そうです。少し付け加えると、例えばK－POPが売れるか売れないかという以前に、J－POPやK－POPの問題も共に批判できるような関係になっている。アイドルグループのように、一〇代の女の子を研究生（韓国では練習生）のようにして、ある意味、児童虐待に近い訓練をさせているところ、それによる商品化と文化の規格化を共に批判できるわけなのです。そこに、この日韓で、東アジアで共有している文化そのものを、量的な側面ではなくて質的な側面からも見ることもできる時代なのではないかと思っています。

上野：研究者は話を複雑にするきらいがあります。

金：病気です、すみません。

上野：多面性を考慮せよというのは、素晴らしいことなのですが。なるほど、倭色禁止による否認、つまり建前は否認だが、実態は文化消費をしているというような二面性があると。水野さんがご指摘になった、天皇謝罪要求に対する表メディアの批判に対しても、実態はその間も着実に韓流文化消費が拡大していたという、これもデータにもとづくエビデンスですね。そうすると、否認によるタテマエとホンネの二重性のもとで、民衆レベルでの文化混交は、もう後戻りしない

という ご意見ですね。

ですから、日韓蜜月時代については、そんなに大喜びする必要もないが、冷え込んだどがっかりする必要もないというご意見として、お聞きしました。朴さんはいかがでしょうか？

互いの国民の顔が見え始めたのは九〇年代から

朴：まず、六五年以降の新しい関係の歴史を見ますと、日本の敗戦と解放になってから二〇年くらいはまったく交流がない。実際には、韓国から日本にやってくる人もいたりして、いろいろ表に見えない交流はありました。しかし、公式には関係がなかった。その間でも、韓国の中では、日本が残していった本など、いろんなものを吸収していった時代ではあったわけです。

六五年以降、そういう交流を公式にやっていい時代になりましたが、実際は、いわゆる文化的交流はあまりなかったように見えます。恐らく、最初の韓流ブームと言える、趙容弼《チョウヨンピル》さんなどが日本で話題になり始めたのが、八〇年代の初めくらいだったかと思います。そのとき、韓国は、まさに光州事件などが起こるようなとても厳しい時代で、日本の文化に関心を持つ余裕はありませんでした。

同時に、私自身は七〇年代の後半に日本の大学に通っていましたが、そのときの日本は、街を歩いていて韓国語を使うのが少しはばかられるような時代でした。つまり、韓国への差別的視線を大学の外では感じたような時代であって、まだまだ韓国に対する差別的な感情が主流だった時代だと思うのです。それが変わり始めたのが、よく言われる、八八年のオリンピック辺りからですが、それでもまだ、本当にお互いに関心があるという時期では、多分なかった。

九〇年代に入って、韓国では日本関係の本がいろいろ出ます。先ほど金さんも紹介した、『日本はない』や、『ムクゲノ花ガ咲キマシタ』という本などが大ベストセラーになりました。八〇年代はまだ日本への尊敬も込めての「克日」が主流でしたが、九〇年代初期から半ばにかけてベストセラーになったのは日本批判や日本制裁欲望の本でした。

日本も韓国に本当の関心はなかったけれど、韓国もまた、日本の、日本人への関心はほとんどなかった。それがようやく少しずつ変り始めたのはやはり大衆文化開放の後ですが、その前段階として旧日本総督府を破壊した一九九五年の出来事がありました。こうしたことは大変象徴的だと思います。いわゆる「日本の残滓《ざんし》」をともかくなくすことにエネルギーを注ぎ、そのあとにようやく九八年の日本文化開放の時代を迎えるわけです。

韓国の人にとって日本人の素顔が見え始めたのはこの時からです。それまで、普通の日本人を見ることができる媒体というのは、小説ぐらいしかなかった。あるいは、ちょっと聞こえてくる歌――『ブルーライト・ヨコハマ』だったりしたわけですが。いずれにしても、日本の普通の人の顔を見る時代ではなかったのが、文化開放によって、特に映画といった、理解しやすい媒体により、日常の日本人——観念的な日本人でもなく、植民地時代の日本人でもない、現代の日本人——が見えるようになったのです。ＩＭＦで少しつまずきましたが、二〇〇〇年代以降に韓国もかなり豊かになって、旅行もたくさんできるようになりました。旅行とメディアで、日本のことがかなり分かるようになってきたと思います。その最後の段階が、いまおっしゃったような日本におけるドラマやＫ—ＰＯＰの時代ということになるのではないかと思います。

現在でも、韓国の人はこの福岡にたくさん訪れているようですが、日本にやってくる外国人の数としては、人口比で言うと中国に次ぐ二位だそうです。そういう意味で、表面的な反日や嫌日というのとは、どうも違うことが起こっています。それをどう見るかということですが、私は、文化と政治の使い分け、あるいは悪く言えば自己欺瞞が存在していると思います。例えば、日本を嫌いながらもそれは「政治の日本」のことと自分を納得させて自分を売りつけるようなＫ—ＰＯＰ歌手など。しかしそれでも、それはそれで文化交流がないよりはいいと思います。ともかくも、日常の素顔が分かる空間は増やした方がいいからです。

もちろんよく韓国で言われているように、日本は文化はいいけれども政治は駄目だとかいう言説がいつまでも続いていいということはありません。それでも、過去に比べると今では、日本の国民はいい、と考えるところまで来ています。国民はいいけれども、政府は駄目だとか。そういう認識は矛盾に満ちていますが、それでも認識の進歩と考えていいと思います。そういう意味では、まだ希望を持てると思いますし、コミュニケーション空間を広げることを大切にしていきたいと思うのです。

驚かれるかもしれませんが、二〇〇〇年代の初めに教科書問題が起こった頃は、日本に左派や右派の、異なる政治思想の人々がいるということさえも、韓国では認識されませんでした。それまでは、日本というのは一つでした。教科書反対運動が成功して、採択率を抑えられた結果が出たときはじめて、そうした過程が報じられることによって、いわゆる「良心的」市民や知識人の存在が強く印象づけられました。

そういう意味では、ようやくお互いにいろいろいるという、当たり前なことが見えてきたのは、ここ一〇年くらいです。ですから、焦ることもないという気もします。基本的には、関心もまだまだあるし、文化的交流も深く、さっきの「お元気ですか」という映画『Love Letter』もそうなのですが、まだまだそういう状況があることを大切にしていきたいと思ってます。同時にそれが、うわべだけの、消費される段階にとどまっているので、文化や学問が日本を理解するために本当に役立つためにはどうするべきかについては考え続けるべきでしょう。

先ほど両極の話をしましたけれども、やはりその両極の言葉が対立していて、情報を出すのは両方のほんの少数ですが、それに共鳴する人々が対立しつつ増え、それにともなって否定的な感情まで共有するようになって、間にほとんど人がいなくなった状況ではないかと私は考えています。

知識人にも責任の一端がある

朴：それでは、なぜそうなのかについて考えてみます。水野さんもおっしゃっていたように、すでに九〇年代の初めから今の嫌韓につながるような気配はありました。表面上は蜜月時代が文化開放と小渕・金大中パートナーシップ宣言のあった九〇年代後半から二〇〇〇年代初めのワールドカップの時代まで続いていましたが、九七年はアジア女性基金をめぐって韓国では日本が非難されていた時代でもありました。日本でも慰安婦問題に反発した「新しい歴史教科書を作る会」が発足します。二〇〇〇年代はじめには、慰安婦問題をめぐる女性国際戦犯法廷（二〇〇〇〜〇一）が開かれ教科書問題が問題化されるなど、水面下では慰安婦問題や教科書問題が本格化した時期でもあります。そして二〇〇〇年代以降は、社会的な影響力を持っていたのは、どちらかというと右派の知識人だったというふうに、私には見えます。九〇年代はまだ、社会的な影響力を持っていたのは、リベラルな知識人だった。それが、どうも二〇〇〇年代以降は、右派知識人の声の方が大きくなり、それを受け止める人々が潜在的に増えていったように思われるのです。

九〇年代に出て来た、右派を含む一般の人々の疑問や思いに対して、もしかしたらリベラル知識人はきちんと向き合わなかったかもしれません。その後こんなにまで反発が深刻な状態になるとは思っていなかったのでしょう。

同時代における知識人の責任についてわたしたちは考えないといけないのですが、当時の知識人に関しては、以上のような状況があったのではないかと私は考えています。右派などの疑問は、低レベルな歴史修正主義とみなされ無視・批難されましたが、本当は当時から対話するなり分析するなりすべきだった。金さんや水野さんがおっしゃったようなさまざまなことも、そのようなことを示しているように見えます。

逆に言いますと、私も韓国の知識人の一人として、やはりもっと早くにそのような状況に対して、日本の情報などをより積極的に一般人に向けて発信すべきだった。二〇〇五年に私が『和解のために』でもっとも言いたかったのは、ある問題を巡っての基本情報があまりにもずれている――上野さんがおっしゃったような、認識のギャップの問題です――、そのせいで対立している部分があるから、まずは共通情報を共有して、そこから話を再び始めようということでした。ですが、『和解のために』は見事に失敗して、受け止めてほしかった空間では受け止めてもらえなかった。というかそこでは分裂してしまいました。ですから、私としてはやはり、日本や韓国のメディアと知識人が、しかるべき役割を十分には果たせなかったことに思いを馳せざるをえません。

実は二〇〇五年の段階ではもう遅いとも思っていました。わたし自身、情報やその消費文脈のずれの問題に気づき始めたのは二〇〇一年――教科書問題だったのです――なのに『和解のために』を実際に書いたのは何年も経ってのことでしたから。そして実際に無力で、現状は何も変えられませんでした。そして、一〇年後の今、韓国でも私の本をめぐって日本と同じようにリベラルの分裂があり、アジア女性基金を巡って起こったことと同じような反発も起きています。だからこそ、今回こそ何ができるかを、みんなで真剣に考えたいものです。

政治と文化を使い分ける

上野：知識人の責任と言われると、「知識人とは誰のことか」と見回して、私も悪いのかと思ったりします。

話が面白くなってきました。このパネラーの間で、論争が起きそうなネタが出てまいりました。その前に一つ補足しておきますと、二〇〇〇年に女性戦犯国際法廷が開催されまして、これが昭和天皇に有罪判決を出した戦後唯一の民衆法廷です。これに関するテレビ放映がＮＨＫ―ＥＴＶで行われるところに介入した政治家が安倍晋三です。なるほど、天皇が地雷だったのかという気があらためていたしました。

朴さんが、政治と文化の使い分けということをおっしゃいました。金さんは逆に、政治と文化を分けていいのか、文化を語ることは権力を語ることだとおっしゃった。しかし、一方で水野さんは、韓流の文化消費を平然とやりながら、それでも韓国嫌いとかいう人もいて、韓流を消費していても過去の日本の責任なんて聞きたくない、見たくないという人たちだって多いのだ、という話を出されました。

つまり政治と文化の両面で日韓の認知ギャップがあるということです。フロアから頂いたご質問にも、ちょうど両極に当たるご質問が出てきました。その認知ギャップには、他者の過剰と他者の不在があります。一方は日本に対していろんな偏見や情報を持っており、もう一方ではむしろ無知が支配している。それをこんなふうに言っている方がいらっしゃいます。「韓国での日本を巡る他者の過剰と、逆に日本における韓国に対する他者の不在のギャップは、植民地主義という圧倒的非対称の関係においては当然じゃないですか」と。

ちょうど、日本におけるアメリカという他者の過剰と、アメリカにおける日本という他者の不在と同じことで、強国対弱小国の運命だと言ってしまえばそれまでですが、それでも、運命だということは、つまり、この支配—従属関係から私たちが永遠に抜け出すことができず、対等な国際関係などはつくれないということになります。

事実、アメリカに対しては、日本も韓国もそうなっております。日本がアメリカの従属国であるから、そのぐらいならいっそのことアメリカの四九番目の州に統合してほしいという説があって、私は時々それに賛成したくなります。なぜかというと、アメリカの大統領が誰になるかは、私たち日本人の運命に直接影響します。「だったら、いっそ投票権与えろよ。日本でも、トランプとクリントン、どっちにするか、投票で選ばせろ」なんて思ったりするのです（笑）。

こういう非対称な関係が永続的に固定化するということは、日韓関係にとって健康なことではないだろうというのは当然で、これを「そうだ」と言って開き直ってしまうわけにはいきません。韓国側の日本観と、日本側の韓国観――朴さんは「体験の観念化」とおっしゃいましたが、私たち社会学者の用語では「記憶の定型化」と言います――の認知ギャップをどう埋めればよいのでしょう。

きょうのテーマは、歴史戦争じゃなくて記憶戦争なのです。歴史を問うというよりも、記憶がどのようにして定型化されるかが、問いなのです。フロアからの質問にはこうも書いてあります。「体験の観念化からこぼれ落ちた体験の記憶を集めるという試みを朴さんご自身がやっていらっしゃるのではないか」と。

金さんは、日本と日本人と日本文化の一枚岩を分解していけとおっしゃいます。多様性を認めることは体験や記憶の定型化に抵抗するものですが、それを直撃するようなご質問がちゃんと来ております。「多様性を強調し、日本論、日本人論、日本文化論をイコールでつながないというふうにしていくという態度は、逆に、日本人の戦争責任を免罪することになりませんか」という問いです。同じような批判は、朴さんにも向けられています。

そうすると、文化と政治の使い分けとか、体験の多様性、そして文化と政治の中にある多様性を強調していく立場が、本当に適切なのかどうなのか。すでに使い分けされてしまっているのか、あるいは両者は切り離せないものなのか。巧妙に多様化、断片化していくことによって、日本の免責を招いてしまっているのではないかという、非常に厳しい問いが出てきております。

これについてはいかがでしょうか。文化と政治の使い分けをちゃんと日本人はやっているよ、という立場の水野さんからまず意見をいただき、金さんにそれに反論していただくということで、どうでしょうか。

水野：大変難しい質問だったのですけれども、まず、今までの流れから引き継いで申し上げたいことは、日本では韓流文化が、日韓関係に何らかの影響を与えるのではないかと期待していた時代がありました。ところが、私の認識から言いますと、これらはまったく別物です。私も韓国が専門なので、「韓流が大好きなお姉さま方（韓流ファン）と話が合っていいですね」とよく言われるのですけども、まったく話が合いません。なぜでしょうか。実は彼女らにとって興味があるのは、ドラマに出ている俳優と、ドラマの時代背景、および俳優の生年月日などのパーソナルデータ、それとドラマがどこで撮影されたか、なのです。われわれの関心とは全くかけ離れています。私は、誰が韓流ドラマに出ているのか、関心もありませんし、知りません。そういう問題なのです。韓流は趣味の領域なのです。彼女たちとしても日韓の問題を考えようとしてドラマを見ているわけではないし、映画を見ているわけでもない。これは当たり前のことなのです。私は「韓流」は趣味の領域であり、趣味のための消費財であり、日韓間の問題に対する関心とは根本的に別問題だと考えております。日本の地上波で放映されているドラマは、日本人を刺激しないものばかりです。ＣＳやケーブルテレビでは若干違うのですけれども、日本人に刺激を与えそうなものは、放映されないのです。そうした「配慮」がなされるあたりからも、韓流と日韓間の問題は別次元の問題だと考えざるを得ないわけです。だから、「韓流」は日韓関係に大した影響を与えません。

私が政治と文化を切り離して考えた方がいいと主張するのはこのためです。今までは韓国と北朝鮮が対立している現状の中で、また、日韓があまりいい関係でない状態の中で、どちらに与するとか、どのような政治姿勢を取るかとか、日韓関係に「配慮」するとかによって、かなり発言が左右されてきた経緯があるわけです。

歴史における「真実」の自由な探求が大事

水野：冷戦が終わる前、「朝鮮戦争は北朝鮮の南進から始まった」という、今ではもう常識化されていることすら言うのもはばかられるような雰囲気があったことは事実です。それから、拉致問題が明らかになるまでは、「拉致はなかった」と言っている方が随分おられました。その方が自己批判したということは寡聞にして存じ上げません。

未だに、私が研究の場におりましても、「そんなこと言わない方がいい」とか、「そういう敏感な問題に触れない方がいい」とか、諸先輩方から言われることもあるのです。学問の世界で、そういうことはあってはならないとは思うのですが、配慮や処世術を教える先輩がいるわけです。

大学教員も飯を食っていかなければならないわけですから、そうしたご忠告も分からないでもないです。しかし、そういう「配慮」に左右されている時代があまりにも長かった。だから、そうした「配慮」とは無縁の状態で、さらに言うならば、「反省すべきだ」とか、「これ以上謝罪する必要はない」とかいった論争と切り離して、まず事実の探求を自由な場でできるようにすべきだというのが私の主張です。いまだに公で自由な主張を行うのが憚られるような雰囲気がいいとは言えない。

もちろん、過去の歴史を反省するのは重要だし、その責任を問うのも重要だと思うのですが、反省する、責任を問うという以前に、何があったのかというのをきちんと検証すべきです。例えば、交通事故を起こした際に、事故現場で土下座して謝っていたところで何が始まりますか。まず、警察を呼んで、それから負傷者を搬送して、保険会社を呼んで、必要であれば司法の場でどちらに過失があったのか決めてもらう。それが終わってから、補償・謝罪もあるわけではないですか。国家間の問題は交通事故よりもはるかに複雑ですが、それが道理だと申し上げたいのです。

私が言いたいのは「謝罪をすべきだ」「謝罪すべきじゃない」という問題ではない。慰安婦問題でも、すべての事象が明るみに出たと言えるでしょうか。到底言えないと思うのです。それどころか研究するのも憚られるような雰囲気なのです。導き出した結論によって、告訴されたり、賠償を求められたりするのでは、たまったものではありません。まず事実の探求を自由な場でできるようにすべきです。そうでないと、真実は明るみに出ないということです。

上野：いまのご発言で、「真実」というきわめて問題含みなご発言がありましたので、これを次の主題にしたいと思います。それでは、金さん、反論をお願いします。

文化にも多様な層がある

金：本当に重要なご質問を二つ頂いたなという感じです。ありがとうございます。

一つ目の他者の過剰と不在というのは当たり前ではないかというのは、その通りで、そのような歴史を歩んできたわけなのです。しかし、そのような動きというのは、もう一方の動きを生み出すわけです。僕は、それがある意味で「嫌韓」みたいな、要するにそれまで不在していた他者の場所というのを何かで埋めていこうとするときに、それまでの不在が作用して、何で埋めていけばいいのか分からなくなってしまう。あるいは、一言で言いたくなる、一言で聞きたくなる、そのような情報がそこを埋めていくということです。多分、その部分は、水野先生がずっとおっしゃっていたこととも、そこをどういうふうに埋めていくかという作業だと僕は思うのです。だから、そこは固定しているわけではなくて、常にせめぎ合いがあるのではないかなと思っています。

二つ目のご質問は、こういうふうに読まれ得るのかというふうな感じで、その通りだな、もっと丁寧に説明すべきだったというふうに思ったのでした。先ほどのご指摘というのは、その通りなのですけども、僕が言いたかったのは実は逆の方向でした。

さき程朴先生のお話の中に、日本におけるいろいろな論者、例えば日本のリベラルな論者とかメディアとかというのが韓国で見えなかった、というのがありました。それは何故なのだろうということなのです。僕の、イコールという意味は、ひとつの強固な日本論というのが、日本文化の固定されたイメージというものをつくり出して、様々な日本人の動きというのを見えないようにしているのだというふうに、そして、逆に、戦争責任を語ろうとする人々の声、戦争責任を追及していく人々が、韓国において見えなくなってしまう可能性がある。

朴正熙政権とかが言い続けたときに、さきほどご紹介したような倭色禁止の文化政治みたいなものが可能になり、そこで多くの、実は日本に存在していた日本人、日本文化が見えなくなってしまうのではないかなという意味で申し上げたわけです。そこに多様性を与えるというのは、実はいろいろなスケープ、風景を救い出すということなのです。エスニック・スケープというのがそこにはあるはずなのです、そうではないテクニック・スケープみたいな、あるいはメディア・スケープみたいな、いろいろな重層的なスケープ、風景というのがそこに存在するのだと。そこを重層的に見ていく必要がある。

では、そこは何かというと、朴先生がおっしゃっていたように、例えば、日本への韓国の観光客、旅行者が増えて、軍艦島に行くとします。軍艦島に行く韓国の人々の感情、態度を一つで捉えることは、可能でしょうか。軍艦島に行って、歴史のことを考えて、日本を批判して、そのまま帰っていくのでしょうか。そうではないわけです。その行動ひとつにいろいろなスケープが実は存在していて、彼らは観光客でもあり、個々の旅行者でもあり、あるいはそこのいろいろな歴史を経験しようとするアクターでもあると。そのことをどういうふうに捉えていくのか。

もうひとつは、今日はご紹介していないのですけど、『戦後韓国と日本文化』には詳しく書いております。例えば、釜山に住むことについてです。釜山に日本人学校があるのですが、世界で唯一、七〇年代でも、いまもそうなのかもしれないですが、日本人学校の中で日本の電波が直接届いた唯一の場所なのです。だから、日本人学校に行ってみたのですが、テレビでＮＨＫの教育放送を見ながら、実際教育をしていました。韓国人たちもアンテナ一つで日本の福岡からの放送とかを自由に見ることができていた。そこは、ソウルでの経験とはまた違う。ナショナルなイメージとはまた全然違う側面の経験が、釜山には存在していると。そのことをどういうふうに見ていくのか。それが、僕の本の中では、一つの強固な日本論、例えば日本に対する一つの態度が強要されることによって、そのことが見えてこなかったという話をしたかったわけなのです。すみません、また長くなって。病気ですね。

インターネットの影響力とは

上野：研究者の方は、誠実であればあるほど、複雑な答えをなさる傾向がありますから（笑）。多様性が見えてくるといっても、政府は一つの決定を下すわけです。そうすると、政府や国家の責任はどうなるのかという問いが残ると思うのですが。

次のステップに入って、では何ができるのかを考えたいと思います。先ほど、知識人の責任と言われましたけども、庶民にできることもある。メディアにできることもあります。先ほどの水野さんのご発言の中で、最初の報告でもありましたが、「真実」という言葉が飛び出しました。私が挙げたい問いは、一体そもそも定型化された記憶に、事実によって本当に反証できるのかという問題です。特に、公式に定型化された記憶、しかもその記憶は既に自分の経験の記憶ではなく死者の記憶であり、後に生まれた者たちの間で再生産されていく記憶です。記憶の伝達媒体はメディアですが、そのメディアの中で、ネットが非常に重要な影響力を行使するようになったというのが水野さんのご指摘でしたが、メディアの中に住み分けが起きていることは、金さんもご指摘になりました。

特に、ネットの世界では、メディアの住み分けが非常に強い傾向があります。「コミュニケーションの島宇宙化」とも呼びますが、自分に都合のよい情報を流すメディアにしか接触しない傾向が強まっています。メディア界にはその気になれば、不都合な真実のみならず、ありとあらゆる情報に接触できるチャンスがあるはずなのですが、探索行動すらしない。

その結果、「慰安婦」問題で渦中の人になっておられる朴さんが、いまご自身で経験しておられることは、両極から攻撃されることです。「慰安婦」言説の中には二つの公式記憶があります。ひとつは性奴隷説。もうひとつは売春婦説です。今日、皆さん方のお手元に、私の書いた書評エッセーを配付資料としてお渡ししましたが、その中に二つの本が紹介してあります。一方では「日本軍「慰安婦」問題webサイト制作委員会」が、『Q&A「慰安婦」・強制・性奴隷　あなたの疑問に答えます』を書いていますが、もう一方で『SAPIO』編集部が『日本人が知っておくべき「慰安婦」の真実』を出しています。どちらも「事実」とか「真実」とかという言葉を使っているにもかかわらず、両者の「真実」のあいだには、目のくらむような落差があります。

水野さんの主張にもかかわらず、事実を提示しても、このどちら側も説得されないであろうという恐れがあります。この性奴隷説と売春婦説の間をどうやって埋めればよいのでしょうか。

きょうのキーワードの一つは、「間」と「多様性」です。会場からの質問の一つをご紹介します。「『間』というのがとても重要だ。国家と個人の『間』に、私たちがいる。その中で、『間』を生きる人の実践が大切じゃないか」と書いておられます。その「間」には多様性があります。しかし、その多様性を朴さんが示したことによって、両極からたたかれるということを、ご本人はまざまざと経験しておられます。

事実には多面性があるが、その「間」や多面性、多様性を示すことによって、両極から批判の対象になる。その両極の立場は、事実を示すことによっても、どうやら説得されないかもしれない。こういう事態を、水野さんはどのようにご覧になるでしょうか。

それともうひとつ、ネットの影響力は一体どのぐらいのものだろうか、をお伺いしたい。私が本日、もうひとつ用意してきた読書エッセーがございます。それが、「『ネトウヨ』とは何者か?」という問いです。社会学者の伊藤昌亮さんのネトウヨ論によればネトウヨの最大の敵はマスゴミことマスコミであって、そのマスコミ批判と「嫌韓」が結び付いたのは歴史の偶然にすぎない、という説をとっておらます。

ネット界のこのような「嫌韓」言論が、日韓の間のお互いの記憶文化——記憶も文化です。政治であり文化です。私はその点で、政治と文化は切り離せると思っていません——に、どの程度の影響力があるものなのか。これについての議論を、三人の間でしていただきたいのです。水野さんからお願いします。

水野：先ほどの問いかけにこたえられなかった部分がありました。韓国側が支配された立場ですし、日本が支配した立場ですので、その認識の差というのはあるし、韓国人が日本に持っている思いというのが、日本人が韓国に持っている思いよりも非常に大きなものがあると思うのです。それをぶつけてこられたときに、今まで日本人は何となく無条件に謝罪していたのです。頭を下げれば何とかなると思っていたのです。そうではないということを、言いたいのです。

自分の責任を問われたときに、その責任は何であったのかということを、自分自身の手で徹底的に明らかにしなければなりません。しかし、訳の分からぬまま、頭を下げていても状況は悪化するだけです。これは自分のやったことを否定するとかではなくて、何をやったのか、何をやってこなかったのかということも、きちんと整理しなければならないということです。少なくとも国家的な次元で、頭ばかり下げていても解決する問題ではない、ということを前回の問いに対する答えとして言い忘れました。

今回の問いですけれども、それでも「地球は回っている」と言わなければならないと思います。日韓どちらからも叩かれたとしても、それで主張を止めてしまったら、研究者としての存在意義がないと思います。

私は自宅で、『文藝春秋』と『週刊文春』、『週刊金曜日』と『世界』を購読しています。両極端な雑誌を読んでいるわけで、同じ事象であっても記事の方向性はまったく違います。だから、どちらかの雑誌に「〇〇の真実」などと書いてあっても、それをそのまま信じるわけにいきません。「真実」というのは、さまざまな考究の末に、たどり着くべきものです。それでも、それが「真実」かどうかは完全には分からないですが、いろいろな物事に対しては一定の深さをもって考えなければならない。その結果、出た結論が、十全なものではなくても、それでも真実に近いものではあるというのが、研究者のあるべき姿勢だと思うのです。人間は神ではありませんので、そういった意味での「真実」を追求するのは永遠の課題でもあります。私は、そう思います。

「定型化された記憶は変えられるか」という問題ですが、これは非常に難しい問題です。よく日本人は、植民地支配が終わった時点で反日感情が最高点に達し、だんだん冷めていって、時が経てば消滅するだろうと、熱力学の法則のように考えています。そうではありません。

中国から出ている論文を読んでも、韓国から出ている論文を読んでも、反日感情が顕著化するのは八〇年代に入ってからなのです。それまでは日本に対して反感を持っている人がいなかったかというと、そうではなかったと思うのですが、それを公言する機会や手段もなかった。また、国内が混乱していたし、皆、生活に追われていた。中国は、国共内戦、大躍進、文化大革命、そして天安門事件があった。韓国は、四・一九革命（李承晩大統領を下野させた大規模デモ、一九六〇）、五・一六革命（朴正熙等による軍事クーデター、一九六〇年）、それからずっと強権的な独裁体制が続き、「ソウルの春」が来て、ようやく自由にものを言い始められたのが八〇年代、それも八〇年代後半なのです。そこで起こったのが、教科書問題というわけです。これを私は、「歴史的事象の全国民共有化」と呼んでいます。広くメディアを通して、皆に共有されたということなのです。これを変えるというのは非常に難しいと私は思います。

現在はインターネットがこれに拍車を掛けています。インターネットというのは、自由闊達にものを言えるような空間に見えますけれど、実際はそうではないです。日本のネット空間では「反韓」が「作法」なのです。もちろん、韓国のネット空間では「反日」が作法です。ということで、一人で声を出すのは、ネット空間でも実社会でも難しいと思うのです。ただし、研究者はこうした風潮に抗い、「これは違う」と思ったら、それを言わざるを得ないのです。繰り返しますが、それを放棄してしまったら、研究者として存在意義がないのではないと思います。

上野：水野さんは研究者は真実に奉仕するという覚悟をおっしゃってくださいましたが、研究者の名前で、そうでないことをやってらっしゃる方もおられますから、この業界もいろいろですね。

なるほどと思ったのは、中国の反日ナショナリズムも、韓国のナショナリズムも、戦争の記憶のない世代が担い手になっているわけで、先ほども「歴史的事実の全国民的共有化」とおっしゃいましたけど、ここは「歴史的記憶」にしておいてください。この記憶は、公式のマスターナラティヴによって、定型化されたものですね。

日本国内だけではなくて、中国でも韓国でも、ネットがつくり上げる定型化された記憶の影響力はやはり侮れない。日本以上に侮れないということがあります。韓国の方が、日本よりＩＴ先進国ですから、そこはちゃんと見ないといけないということがよく分かりました。

金さん、いかがでしょうか。

金：ネトウヨのお話になると、また複雑にさせるようで申し訳ないのですが、やはり次元を分ける必要があると思うのです。「なぜ韓国嫌いなの？」と聞いて、「こうだから」という、その理屈を真実としてすくい上げるのか、それを疑うのかというのは研究者各自の判断によると思うのです。

もう一方で、例えば韓国のネトウヨも最近とても話題になっているのですが、彼ら――男性が多く、外国人労働者嫌悪または女性嫌悪主義者が多いのです――が女性のことを「キムチ女」とか言い、例えば民主化闘争の遺族、光州事件の遺族に対して「民主化する」という言葉の意味を転換させて揶揄したり、セウォル号の遺族、犠牲者を馬鹿にしたりすることをします。彼らに「なぜそのようなことをするのか」と言うと、「女性は軍隊に行かないから」などいろいろな理屈を出すのです。在特会みたいな感じになると思うのです。

では、その次元のいろんな動き。もう一つの次元で、例えば、米国のトランプのメキシコたたきはどういうふうに読めるのでしょうか。僕が言いたいのは、バブル崩壊後のアジア金融危機、リーマン・ショックなどの中で強くなってくる新自由主義的な流れ、その中におけるいろいろな格差とそれによる葛藤などを、先ほどの次元で考えたときに、このネトウヨの現象は捉えきれるのだろうかと。その事実で説明しきれるのだろうかという疑問を僕は持つのです。

もちろん、その二つの次元、または複数の次元を重ね合わせたときに、どのような結論が出るかというのは、また今後の課題でもあると思うのですけど。その複数の次元のことを重ね合わせて、その中で出てくる普遍的な要素とあるいは二国関係の特殊な要素というのを共に考えなければいけないのではないかと思います。

「真実」の追求と「曖昧さ」の働き

上野：定型化された記憶に事実を以って反論できるかということについて、朴さんはいかがでしょうか。

朴：先ほど水野さんが、私が発言したこと、例えば映画に関するコメントの中の「真実であり、真実ではない」という言葉を引用してくださいました。まず、その言葉を少し補足したいと思います。

私は、その言葉を「ここは真実で、ここは真実ではない」という意味で言ったのではありません。どういうことかというと、映画では慰安所はまさにレイプセンターだったというようなことが描かれますし、焼き殺すようなことも描かれたり、激しい暴力があったりするわけです。それが真実かどうかということを言うときに、例えばいわゆる事実としての事実がどうかといえば、「そうではない」というふうに言う方はたくさんいらっしゃると思います。しかし、確かに暴力はあった。しかも強姦もあった。

さらに言えば、虐殺したり焼いたりという場面があるのですけれども、私自身は、それは亡くなった時火葬したので、そういうことだろうと思いつつも、同時に一九一九年の独立運動（三一運動）があったときに、教会に火をつけて人を殺したという事件もやはりあったわけで、それが重ね合わせられている——製作者が意識していたということではありません——としたら、それは必ずしも否定的に見ることもできないということです。

ですから、結局は事実だとか真実だとかに執着しすぎ、やはり共有しうる事実を「どのように考える」のかが重要と思います。人によっては、細かい部分では事実ではないと言いながらも、「悪かった」という贖罪意識は持ち得るからです。

今朝の講演で、最後に時間がなかったのではしょってしまったのですが、「曖昧の思考」についてすこし触れました。これは大江健三郎さんがノーベル賞を受賞されたときの講演のタイトルの言葉ですが、「あいまいな日本の私」から持ってきました。それより二四年前の一九六八年に川端康成さんがノーベル賞受賞の時行った「美しい日本の私」という講演、日本的美意識を語った講演を大江さんは脱構築しつつ、戦争責任をしっかりと見つめてこなかった戦後日本を批判した講演です。

しかし、逆に、この「曖昧」という言葉を肯定的に使えないかと考えているわけです。例えば、九〇年代にアジア女性基金があって、そこへ寄付された方がたくさんいました。その方たちが本当に支援者たちの望むような、あるいはいわゆる「法的賠償」を望むような方たちが考えるほどの贖罪意識を持っていたかというと、必ずしもそうでない方もたくさんいらっしゃると思います。しかし、曖昧かもしれないけれども、「悪かった」という思いはあった。なのに、さらに厳しく追及することによって、「悪かった」という気持ちさえも引っ込めてしまうことになってしまった。わたしはこの二〇余年をそういう時間だったと思っています。しかも韓国には曖昧な贖罪意識さえもまったく伝わらなかった。

以上のようなことを考え、あることを徹底的に先鋭化させる行為がかえって贖罪意識を引っ込めてしまう構造がある、しかもその原因の一つにはまさに「(別の立場からの)真実の追及」があるので、そうしたことを考えながら私は過去をめぐる記憶は「真実であり、真実でない」といいました。

上野さんが、朴裕河は両方からたたかれたとおっしゃいましたけれど、実際には「良心的」左派からがずっと強かったわけです。それは、日韓問題は左右問題でもあることを証明しましたが、本当は「真実」以前にそうした政治的スタンスやそれまでの価値観が先にあり、それに基づいて歴史を判断することがかなりあったと考えています。

一つだけ最後に言いますが、例えば、ある戦場で目の前に兵士がいて、殺せる立場なのだけれど殺さないでいい状況にあったときに、殺すかどうかの問題です。ある人は、日本人として中国人兵士を殺すことをするでしょう。ある人は、しないと思います。それを分けるのは何か、ということです。殺さなくて良い場合に殺したとして、それは日本人として中国人を殺したということになるのかもしれないけれど、本当はその人の中にある暴力性がさせるもの、と私は考えます。

結局、何らかの政治や主義が先だっていわゆる「真実」の中身を判断するような傾向が強く存在しているので、そうしたことを先ず見届けるべきだとつくづく思います。そうした「立場」が、何かを抑圧し、本来は弱者のための議論であるはずの言葉や行為がいつの間にか強者としての言葉に成り代わってしまっていたわけですから。記憶の定型化に亀裂を入れられるのは、そうした構造を見ることで可能だと思います。

上野：いまのご発言のように、曖昧さを肯定的に捉えると言うと、ただちにそれは日本を免責するという批判が来ます。例えば兵士が殺せる立場にいて、殺すか殺さないかを個人の選択の問題だともし言ったら、その兵士を、人を殺さなければならない立場に置いた国家の責任はどうなるのか、という反論がくるでしょう。それについては、どうお答えになりますか。

朴：国家の責任を否定したことはありません。最初にも話しましたけれども、批判者たちがこだわってきたのは「法的責任」ですし、そうした「法」至上主義的な考えを批判しただけです。ある意味で、法的責任を問うてきたこの二〇年が、逆に責任自体を問うことを難しくした、ということなのです。

実際、当事者たちの多くは、法的責任が何なのかも知らない方がほとんどです。しかし、強制連行認識を基盤に訴えた「法的責任」の言説は守らねばならない。そこで必要になったのが、体験の観念化だ、ということでした。

国家がさせたことだから殺したというのは、理論的には成り立ちます。しかし、そういうふうに考える限り、暴力に抵抗することは根本的にはできないと思います。

これから私たちに何ができるのか

上野：その話は、その次のステップ――これから先、国家ではなく、国家と個人の間にある私たち、ここに集っている方たちを含めての私たちに何ができるのか、といういささか未来志向型のテーマ――に行ってから、やりたいと思います。

会場の皆さま方から頂いたご質問も、その点に集中しております。例えば、「東アジアの和解と平和の声というものの現状が、いまどうなっているのかが知りたい」とかです。それから、

「日本では、日本人を助ける韓国人のことを記憶するということが積極的に行われている。それでは、逆のことは韓国ではあるのだろうか」というご質問。「日韓関係の中で、隣人愛というのをちゃんと育めないのだろうか。そのためには古代からの交流の歴史、特に九州は交流が深い地域ですから、それをお互いに学び合うことが必要なのではないか」などのご質問が出ています。

しかし、最初に申し上げましたが、「隣人愛」とか「異文化理解」とかということでは尽くせない問題が日本と韓国の二国間関係にはあります。なぜかと言えば、最初に韓国を殴ったのが日本である、韓国の足を踏んだのが日本であるからです。この問題を抜きに、隣人愛とか異文化理解ということは言えないだろうと思います。

最後に、朴さんのいまのご発言と響き合う、非常に素晴らしいコメントがひとつ来ております。「私は、子どもの頃、いくら上から命令されても従う者がいなければ戦争は起こらないのでないかと考えていました。朴さんが、どんなに悪政をたくらんでも従う人がいなければ、それは行えないということを言われたことに、深く同意します。しかるに、それを実行するためには、一体、どのようなふるまいや思考が必要なのだろうか。帝国というものがこれだけ大きな悪であり、かつ私たちはいまアメリカ帝国の影の中にいるわけですが、その帝国から自分の身を守る、あるいは帝国から逃れるための方法というのは、一体何だろうか」という、質問を頂いております。

これで、頂いたご質問のすべてをご紹介いたしました。これから先は、私たちに何ができるかについて未来志向型のお話をいただきたいと思います。朴さん、金さん、水野さんの順で行きたいと思います。その後、もし時間が残れば、フロアの皆さん方から、いくらかご発言いただこうと思います。

朴さん、いかがでしょう。最後にご紹介したコメントは、朴さんのご発言と深く響き合うものだったと思います。

朴：ありがとうございました。金さんと水野さんの話とつなげてお話ししたいと思います。文化と政治の使い分けの状況を私は批判しました。それは、政治に抵抗し得る文化は可能かということです。その時の文化の中に学問も含めたいと思います。

それは文化は無力とする言説にまず対抗したいからですが、そうした意味で文化と政治を使い分けることの問題はありますが、使い分けされた文化でも交流がないよりはあった方がいい。というのは、先ほどお話ししたように、素顔を見るのは、とても大切なことだからです。学生たちも、何日か旅行しただけで、随分変わります。

主義中心になったり、政治的になったりすることがかえって葛藤状況を深め暴力を呼びうることを忘れないようにして、それに抵抗しうる手段をそれぞれの場で考え、声を出していくことだろうかと思います。まずは一見もっともらしい言葉がどのように暴力を容認してしまうのかを見ることではないでしょうか。

上野：金さん、いかがでしょうか。東アジア共同体をつくる責任は政府にありますが、民衆の間にも民際外交がありえます。文化と政治の関係について、ご専門の立場からおっしゃっていただくとうれしいです。

金：これからどうするべきかをどこまで言えるかというところもあるのですが、先ほどの質問の中に、日本人を救った韓国人については記憶されるけれども逆はどうなのか、というのがありました。その点から入りたいです。

例えば、尹東柱《ユンドンジュン》さんの詩をすくい上げようとしたのも当時の日本人の方々です。いまだに語られています。光州事件のときに、それを報道してくれたのはドイツの放送局とＮＨＫでした。それも記憶されています。金芝河さんが死刑の判決を受けた時に、鶴見俊輔さんといろいろな日本の知識人が救命活動をしたのも記憶されています。金大中拉致事件のときに、日本の方々が抗議されたのもいまだに記憶されています。

そういうことが、思った以上に語られていない理由は、単にそれが日本人だからではないと僕は思います。冷戦構造や反共主義、また違う次元の抑圧がそこにあるからなのです。それについて十分に語られなかったという、戦後の構造というのも、実はすごく重要であると。

では、これから何をすべきかについては、例えば先ほどお見せした是枝監督のように、自分が守りたいことがあればそれを守っていくことで、僕は十分だと思っているのです。要するに、映画を愛している人だったら、それが釜山映画祭であろうが、日本のゆうばり映画祭であろうが、それを共に連帯して守っていく。相手が国家であろうが何であろうが、そこに対向しなければないときは、ちゃんと連帯して対抗する。そこで守っていくものは命だけではなくて、文化の側面でも十分できることではないのか。その中で、国家論というのもちゃんとした形で語り合うことができるはずである、というふうに思っております。

上野：朴さんがおっしゃった、政治に抵抗しうる文化が可能かという問いを、水野流にパラフレーズすると、デマゴギーに抵抗しうる真実は可能かということになるかもしれません。どんなふうにお答えになるでしょうか。

水野：政府発のそういった圧力以外に、一般の人々から受ける圧力というのもあるのです。いま、本当に政府が乗り出してきて、本の出版を停止するとかいうことは、韓国ではなかなか起こりにくいことになっています。現政権では、そういった方向に進んでいるという指摘もありますけれど。ただ、それよりも、韓国で「民衆ファシズム」というのですけれど、そういった圧力の方が強いように思われます。そのどちらにも言論の力というか、学問の良心で立ち向かっていくというのが基本姿勢ですから。これは言うまでもないことだと思います。

今までは、市民運動や政治的な立場から何かを発言するということが多過ぎましたし、それに対する反論も、ある特定の政治的な立場で発言していることも多かったのです。

先ほどの映画『鬼郷』に関連した話で言いますと、背景は一九四三年なのですが、その中のセリフで、「村の誰かが日本軍に（徴兵で）連れていかれた」というのがあります。つまり日本軍に入隊させられたという描写があるのです。しかし、朝鮮での徴兵は一九四四年からなのですから、これは事実ではないということが言えるわけです。

だけども、別に私はそれを指摘したからといって、この映画作品全体を否定しているわけでもないし、いわんや、従軍慰安婦問題に対して、それを否定しているわけでもないわけです。真実でないから指摘しているだけなのです。ところが、そういった痛くもない腹を探られるような状態が随分長く続いたということなのです。しかし、そうした状態は変えなければなりません。それをこれまでやってこなかったから、ここまで問題がもつれたのではないでしょうか。先ほど、専門家の責任ということをおっしゃられましたけども、私も例外ではないと思います。これからどうするかについては、これ以上付け加えることはありません。

もう、私も若くはありませんので、できれば若い子たちに、そうしたものの見方というものを少しでも伝えていければいいかなと思っています。

朴：先ほど、ネットでの問題という話がありましたけれど、そういう一般の状況だけではなくて、知らないと声が大きい、知らないから声が大きいという状況もあると思います。同時に、情報をある程度持っているがために、声が大きいという状況もあり、両方問題があるというふうに思うのです。

そうした状況に対して、任せきりにしないで、皆でそれぞれ声を出していければというふうに思います。今日絵などをお見せしたのは、やはりこの七〇年間、お互い見ないで来たことがあったからです。私に質問された方の一人に、お母さまが北朝鮮にいらしたという方がおられましたが、戦後の日本は、そういった方たちの声をまったく聞いてこなかった。聞くことによって、当事者はどうだったのかも、あらためて見えてくるので、それを含めて、見てこなかったということをあらためて皆で思い起こすだけでも、随分違ってくるのではないかと思います。

民主主義が改めて問われている

上野：水野さんは、政治からの圧力のみならず、「民衆ファシズム」という、おそろしい言葉をおっしゃいました。日本語では、「世間」とか「空気」とか申します。その同調圧力に、抗することができるかどうかということが、実は、戦前から今日までずっと続いている私たち日本人自身の問題です。天皇制に対する自粛も空気の一種ですから。お三方は明示的にはおっしゃいませんでしたが、おそらくここであぶり出されてくるキーワードは民主主義というものだと思います。

そうなると、異論を唱える勇気、空気に従わない勇気というものを、私たち、ここにいらっしゃる皆さんが、お持ちになれるかどうかが問題です。一八歳選挙権が今年から施行されますけれども、私は一八歳選挙権の持ち主たちに、彼らが主権者になれるかどうか、民主主義の担い手になれるかどうかについて、深い懸念を持っております。というのは、彼らが育ってくる環境、家庭と学校という場に、民主主義を学ぶ場が一体あるのかということに、深い憂慮を持っているからです。ここでの問いは、パネルの四人からフロアの皆さま方のところへ投げ返されたものとお考えください。ここで語り尽くせなかった問い、あるいはもう一歩踏み込みたい問いやコメントがございましたら、ご発言いただきたいと思います。

A：お話、興味深く拝聴いたしました。ご講演の中で、朴先生がお話しなさった慰安婦の問題というのは、支配と被支配という意味で、日本と韓国が映画も含めて、例えば植民地時代からの絵画の中でも、男性と女性というイメージで描かれることがとても多いなということを思い返しました。

これだけ慰安婦問題が記憶の問題の中でフォーカスされるのは、ある意味、支配と被支配という意味で、男性と女性のイメージがかぶさる、そういう心身まで侵される支配—被支配の記憶の、すごく大きな総体のように思いました。

そういう、男性、女性のイメージと重なる支配—被支配、帝国と抑圧された人たちのイメージというのを朴先生と上野先生にもぜひお伺いしたいです。

上野：よくぞ聞いてくださいました。その研究をやってきたのがジェンダー研究です。ちょっと一言ではとても申し上げられませんので、上野の『新版　ナショナリズムとジェンダー』（岩波現代文庫、二〇一二年）に論じてありますので、お読みいただければ幸いです。支配―被支配はジェンダー関係のメタファーの下に語られ、しかもその中で最も男性支配のアキレス腱になるのが、性暴力の問題です。だからこそ慰安婦問題は、これだけ根の深い問題になったと、私は思っております。

朴さん、この件について、何かおっしゃりたいことはありますか。

朴：いまの上野先生のお言葉通りだと思います。実際、よく植民地―宗主国関係で、宗主国は男性で植民地が女性でという表象は、あの時代にもありました。ある意味で、その逆として、例えば韓国の男性で、「あのとき韓国の男性が手をこまねいていたはずがない」と言う人たちがいまして。それを裏返しにしたような言葉だと思うのです。ですから、そういった構造を見ることはとても大切だと思っています。

上野：ついでに言っておきますと、慰安婦の問題化を最初に抑圧しようとしたのは、韓国男性だったということを覚えておいてください。それは、自分の女を守り切れなかった男の恥だと捉えられた。だから、女の性はどこまでも家父長制の所有物だと考えられていたということです。

それを告発したということは、男性支配のアキレス腱を突いたのだと私は思っております。

朴：逆に言えば、だからこそ日本兵と恋愛してはいけないということになっていると思います。

上野：一週間前に立命館大学で、「戦争と性暴力の比較史に向けて」というシンポジウムをやったばかりです。そこでは、強姦から戦時売春、それから兵士との恋愛、そして最後には戦争花嫁に至るまで、この間のグラデーションと多様性をどういうふうに理解するかという議論が起きました。

最近、画期的な本が出ました。米兵がノルマンディー上陸以後のフランス占領地で何をしたかについて書いた『兵士とセックス』（メアリ・ルイズ・ロバーツ著、明石書店、二〇一五年）という本です。もう一つは、ドイツ国防軍とSSが東部戦線で何をしたのかという『戦場の性』（レギーナ・ミュールホイザー著、みすず書房、二〇一六年）という本です。ドイツ、フランス、それと日本の「軍隊と性暴力」の経験を、お互いに比較することが可能になってまいりました。こういう新しい研究動向がありますので、注目していただければと思います。

こうした日本と韓国の膠着状態から、どうして私たちは抜け出せないのでしょうか。近隣外交と言いながら、一部の方たちの夢である東アジア共同体が、どうしてつくれないのか。記憶の戦争はいつまでも続き、この認知ギャップを埋めることはできないのか。共通の記憶は、本当につくれるのか。共通の歴史教科書を作ろうというのは、共通の記憶をつくっていこうという努力の一つですが、ヨーロッパでは、アジアよりもかなりうまくいっています。なぜヨーロッパでできたことが、アジアではできないのかという問題があります。その反省とこれからの展望について、いくらか未来志向型のご発言をいただければ。私たちは国民ですから、政府のやることに国民としての責任があります。ここでしんとなってしまうのは、あまりにも悲しいですよね。

金：ヨーロッパと比較するのは難しいことだと思うのですけども、例えばドイツの小さい子どもたちが受ける教育の中には、親からの暴力から、どういうふうに自分を守るかということがあります。要するに、あらゆる暴力から自分を守る方法について、学校で教えてもらうわけです。東アジアは、そういう親を含めて周りの暴力とかにとても弱いというか、すぐ黙ってしまう。すぐ隠れてしまう。いきなり大人になって、国家という、本当に大きな暴力と向き合ったときに、無力感を感じざるを得ないところがあると思うのです。どのようにお互いそれを守っていくかを議論していくか、共有していくという教育、あるいは何らかの発信というのが大事なのではないかと思っているところがあります。

上野：金さん、素晴らしいご発言、ありがとうございます。実は、このシンポジウムで出てきた、とても重要なキーワードが「暴力」でした。朴さんが何度もおっしゃいました。徴兵制というのは暴力を学ぶ場ですよね。金さんも兵役にいらしたのですか？

金：そうですね。僕は軍楽隊でしたが。

上野：音楽がご専門だそうですね。私はつね日頃、暴力を学ぶことができれば、非暴力も学ぶことができるはずだと、確信しております。暴力は何も男のＤＮＡのせいではないと思っておりますので。

民主主義というのは非暴力が原則ですから、私たちが本当に自分たちの社会を暴力から自由にしていくことができるのか。そのために、「ノー」と言うべきことを「ノー」とちゃんと言えるのかどうかが、私たちの日常実践の場で問われています。それは遠くにある国家とか政治、政府以前の問題だと思っています。

今度の選挙で、一八歳選挙権の真価が問われるとしたら、やはり彼らがいかなる環境の中で、いかなる社会の中で育ってきているかということが問われる、と思います。というわけで、問いは国家と個人の間、ここにいる私たち全員に分かち持たれています。

金さんが、先ほど何ができるかという問いに対して、個々の経験の蓄積の持つ可能性を考えようとおっしゃいました。個々の経験とは何かというと、韓流ファンとしての経験とか、旅行者としての経験、あるいは文化消費の消費者としての経験です。そういう経験の蓄積の持つ可能性を考えようと。ものすごくベタな言葉で言うと「文化交流」になるわけでしょうが、その聞いたような、当たり前の着地点に私たちが行き着くとしても、その文化交流に行くまでの道筋は、日韓に関しては困難に満ちていて、私たち一人一人の足元の立ち位置に結び付いているのだとお感じいただければありがたいと思います。

朴：やはり可能性に賭けるということだと思います。私自身もう嫌になってやめたいと思ったりすることがあるわけですが、諦めない。諦めないというのは、別に文化交流とか国家のためとかではなくて、仲良くする方が楽しいからというくらいの気持ちでやってもいいと思うのです。本物の文化はこうした状況を乗り越えられる。私たち皆の気持ち、感情、思考、様々なもの、それ自体が文化だという考えが必要だろうと思いますし、それを信じていきたいというふうに思います。

上野：ご質問の中で紹介しなかったものに、「朴さん、本当にいろんなご批判の嵐にさらされて、どんなお気持ちなのだろうか、聞きにくいがご家族はどうしておられるのだろうか」というご質問があります。いま朴さんご自身が、諦めないこと。それはなぜかというと、楽しいからだとおっしゃった。この言葉をここで頂けて、本当にうれしく思います。水野さん、補足はありますか。

水野：いままで、「日本人だからこう言うべきだ。韓国人だからこう言うべきだ」というような雰囲気もあったのです。「日本人だから日本の過去には批判を加えない」とか、「韓国人だから韓国に対して批判的な発言をしない」ということではなく、われわれは真実と信ずることであれば、自由闊達な意見を交換できるような関係がいい関係じゃないかと思います。もう一つ、国際交流とか文化交流を私が過小評価しているように見えるかもしれないですが、職場でも国際交流委員長ですし、日韓交流の第一線におりますので、その重要性は私が一番よく分かっております。ただ、日韓交流が日韓関係の大勢に影響を与えるかというと、そうではあまりないということだけでありまして、その点は誤解のないようにお願いしたいと思います。

上野：感情も文化だと、本当にその通りです。記憶文化という言葉がありますが、感情記憶というものもあります。この感情記憶もまた、実際に体験していない世代の間で再生産されている、あるいは強化されているということが、日韓の間にあります。このような感情も含めた文化に接するという経験の蓄積をしていくことが大事なのでしょう。

まとめになるかどうかわかりませんが、もう一度民主主義について触れて終わりたいと思います。韓国が民主化されたと言われております。さまざまな韓国の反応に対して、「本当に民主化されているのか」という問いがありますが、同じ問いは私どもに跳ね返ってきます、「本当に日本は民主化されているのか」と。本当に日本に民主主義は根付いているのかということが、私たち自身に問われているはずなので、本日はその問いを持ってお帰りいただければありがたいと思います。

いささか強引な進め方でございましたが、会場から頂いたご質問はすべてご紹介いたしました。短時間でしたが核心的な問いに触れることができたと思っております。

このような貴重な機会を与えていただいた福岡ユネスコ協会の方たちに、心から御礼申し上げます。

本書は二〇一六年三月十九日、福岡市で開かれた福岡ユネスコ国際文化セミナー「日韓メモリー・ウォーズ——日本人は何を知らないか」（福岡ユネスコ協会主催）をもとに一部補筆したものです。年代等は当時のままです。出版化をご承諾いただきました朴裕河さん、上野千鶴子さん、金成玟さん、水野俊平さんに厚く感謝申し上げます。

（一般財団法人 福岡ユネスコ協会）

【著者紹介】

朴裕河（パク・ユハ）

1957年ソウル生まれ。韓国・世宗大学国際学部教授。慶應義塾大学文学部卒業、早稲田大学大学院で博士号取得。専門は日本近代文学。ナショナリズムを超えての対話の場「日韓連帯21」に続き「東アジアの和解と平和の声」を立ち上げ、市民対話の場づくりに取り組んでいる。著書に『反日ナショナリズムを超えて—韓国人の反日感情を読み解く』『和解のために』『帝国の慰安婦　植民地支配と記憶の闘い』『引揚げ文学論序説　新たなポストコロニアルへ』など。夏目漱石、大江健三郎、柄谷行人などの韓国語翻訳も出版している。

上野千鶴子（うえの・ちづこ）

1948年富山県生まれ。東京大学名誉教授、立命館大学大学院先端総合学術研究科特別招聘教授、認定NPO法人ウィメンズアクションネットワーク（WAN）理事長。京都大学大学院文学研究科社会学専攻博士課程修了。専門は家族社会学、女性学、ジェンダー論。著書に『近代家族の成立と終焉』『ナショナリズムとジェンダー』『差異の政治学』『生き延びるための思想』『おひとりさまの老後』『戦争が遺したもの—鶴見俊輔に戦後世代が聞く』（共著）『時局発言！』など。

金成玟（キム・ソンミン）

1976年ソウル生まれ。北海道大学大学院メディア・コミュニケーション研究院准教授。ソウル大学校言論情報学科修士課程修了、東京大学大学院学際情報学府博士課程修了。専門はメディア文化研究。著書に『戦後韓国と日本文化「倭色」禁止から「韓流」まで』『東アジア観光学　まなざし・場所・集団』（共編著）『文化社会学の条件　二〇世紀日本における知識人と大衆』（共著）『越境するメディアと東アジア　リージョナル放送の構築に向けて』（共著）など。

水野俊平（みずの・しゅんぺい）

1968年北海道生まれ。北海商科大学教授。天理大学朝鮮学科卒業。韓国・全南大学校大学院博士課程修了。専門は韓国語（朝鮮語）学。19世紀末～20世紀初頭の地図に記された地名を手がかりとして、朝鮮語古語の研究にも従事している。著書に『ソウルで学ぼう』『韓国の若者を知りたい』『韓国の歴史』『庶民たちの朝鮮王朝』『笑日韓論』など。

日韓メモリー・ウォーズ
——私たちは何を忘れてきたか

二〇一七年九月五日 発行

著者 朴裕河 上野千鶴子
金成玟 水野俊平

発行者 小野静男
発行所 株式会社 弦書房
（〒810・0041）
福岡市中央区大名二-二-四三
ELK大名ビル三〇一
電話 〇九二・七二六・九八八五
FAX 〇九二・七二六・九八八六

印刷・製本 シナノ書籍印刷株式会社

落丁・乱丁の本はお取り替えします

ISBN978-4-86329-156-0 C0036

◆弦書房の本

●FUKUOKA *U* ブックレット❷

東アジアとは何か

〈文明〉と〈文化〉から考える

小倉紀蔵 東アジアが平和であった時代とは？ 東アジアは正常化している？ 東アジアを極限まで抽象化し、〈文明〉と〈文化〉から日中韓それぞれの根底に流れる思想を探る〈アジア論の新しい試み〉。日中韓はあらたな関係を創造できるか。〈A5判・64頁〉650円

●FUKUOKA *U* ブックレット❸

考える人・鶴見俊輔

黒川創／加藤典洋「狂気を沈めたリベラル」鶴見俊輔の仕事を読み解く。いつだって鶴見俊輔はあたらしい。時代の転換点にいつも彼は呼び出されてきた。作家・黒川創と文芸評論家・加藤典洋が、戦後思想の巨人を縦横に語る。〈A5判・96頁〉【2刷】780円

●FUKUOKA *U* ブックレット❹

未来との連帯は可能である。しかし、どのような意味で？

大澤真幸 三・一一後の現代社会をどう生きるか、について、思想や哲学、歴史、文学、はたまたサブカルチャーなどさまざまなフィルタを用いて語る渾身のライブ。現代に生きるわれわれと過去、未来との「連帯」をスリリングに解き明かす。〈A5判・72頁〉700円

●FUKUOKA *U* ブックレット❺

映画、希望のイマージュ

香港とフランスの挑戦

野崎歓 映画は国家がかかえる問題、時代や社会を写し出す、としてその背景に迫りながら作品について語る。また近年復活を見せるフランス映画。そこに勃興するアジア映画との密接な連動を見出す。〈A5判・72頁〉700円

●FUKUOKA *U* ブックレット❻

日本の俳句はなぜ世界文学なのか

ドナルド・キーン／ツベタナ・クリステワ「目で聞く、耳で見る―」短詩型文学の魅力を存分に語る。「俳句や短歌は、二千年前から日本人は使ってきていている。それはほかの国にはない。これは誇るべきことです。」（ドナルド・キーン）〈A5判・64頁〉【3刷】680円

＊表示価格は税別

◆弦書房の本

●FUKUOKA Uブックレット❼
西海のコスモロジー
海人たちの時間と空間

東靖晋　海の上の家族空間として存在した家船《えぶね》。古来、九州西北域＝西海で、長らく漂白民として暮らしてきた「海人たち」の世界を記録した一冊。最後の海人たちへの聞き書きと文献から浮かびあがる、西海海人たちの歴史と系譜。
〈A5判・96頁〉800円

●FUKUOKA Uブックレット❽
よみがえる夢野久作
『東京人の堕落時代』を読む

四方田犬彦　【夢野久作・生誕一二五周年】天才芸術家は作品を通して未来を予測する――夢野久作こそまさにこの言葉を実践していた小説家であった。夢野久作を読むという行為は、これからこそ、真に開始されなければならない。
〈A5判・64頁〉680円

●FUKUOKA Uブックレット❾
かくれキリシタンとは何か
オラショを巡る旅

中園成生　四〇〇年間変わらなかった信仰――現在も続くかくれキリシタン信仰の歴史とその真の姿に迫るフィールドワーク。かくれキリシタン信者は、それまで伝えてきたキリシタン信仰の形を、忠実に継承することしかできなかった。
〈A5判・64頁〉680円

●FUKUOKA Uブックレット❿
林權澤は語る　映画・パンソリ・時代

福岡ユネスコ協会編　韓国映画界の巨匠・林權澤（イム・グォン・テク）監督の原点。名作『風の丘を越えて』で知られる巨匠が自らの半生を語る。戦争や時代に翻弄されながら、辿りついた世界観とは。
〈A5判・64頁〉680円

●FUKUOKA Uブックレット⓫
世界の水辺都市を巡る
ヨーロッパ・アジア、そして日本

陣内秀信　水の力で都市がよみがえる――一周遅れのトップランナーのように、近代を乗り越えるためのキーワードが皆「水の都」ヴェネツィアにあった。都市の水辺を市民の手にとりもどすため、注目される世界の水辺空間を紹介する。
〈A5判・72頁〉740円

＊表示価格は税別